Hoebel/Stanciu

WINDSURFEN LERNEN IN 10 STUNDEN

Susanne Hoebel
Ulrich Stanciu

WINDSURFEN LERNEN IN 10 STUNDEN

Delius Klasing Verlag

4. Auflage

ISBN 3-7688-0581-6

Printed in Germany 1990
Fotos: Titel: Ulli Seer, Wolfgang Bernhard (2), Warren Bolster (1), Thomas Brandner (1), Colorsport (1), Daniel Forster (1), Michael Kühn (1), North (1), Steffi Ruhbach (1), Ulli Seer (9), Ulrich Stanciu (154), Sun Star (1), Transworld (10), Cliff Webb (2), Steve Wilkings (2), Darrell Wong (3).
Zeichnungen: Bernhard Förth
Gestaltung: Rudi Kappler
Druck: Kunst- und Werbedruck, Bad Oeynhausen 2

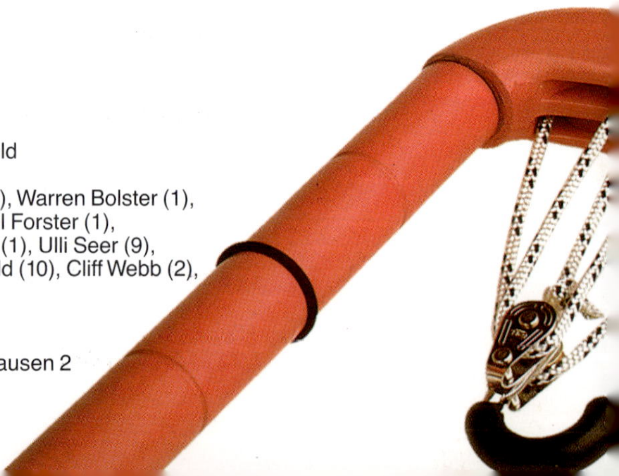

INHALT

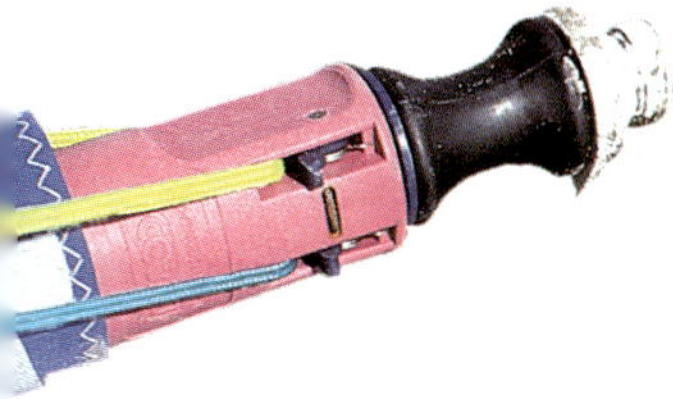

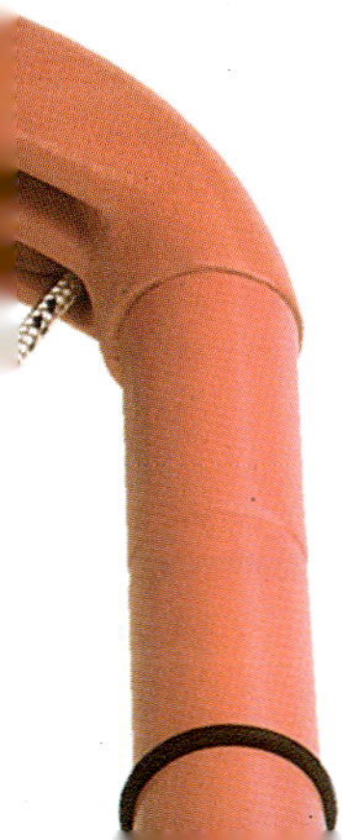

EINFÜHRUNG

Sie wollen Windsurfen lernen. Wir gratulieren Ihnen. Sie haben sich eine der schönsten und vielfältigsten Individualsportarten der Welt ausgesucht. Windsurfen ist nicht nur problemlos, praktisch und preiswert, es ist vor allem eine gesunde und zugleich faszinierende Bereicherung für Ihr ganzes Leben.
Windsurfen ist ein wunderschöner Natursport, der keinen Lärm macht und weder Wasser noch Luft verschmutzt. Es ist ein beglükkendes Erlebnis, den Wind in den Händen zu spüren und wie in einem Schwebezustand über das in der Sonne glitzernde Wasser zu rauschen. Es bietet Ihnen ein starkes Gefühl von persönlicher Freiheit in der Freizeit – Sorgen und Alltagsstreß sind vergessen. Sie werden neue Freunde gewinnen, gemeinsam neue Reviere entdecken, den ganzen Tag in der Natur verbringen und abends ausgetobt und müde beim gemütlichen Surfer-Imbiß sitzen.
Windsurfen ist familienfreundlich – Ausgangspunkt ist immer der gleiche Platz am Strand, und Kinder haben oft großen Spaß, auf dem Brett zu spielen.
Windsurfen kennt jede Menge Variationsmöglichkeiten: Leichtwind, Starkwind, Brandung, Tricksurfen, Tourensurfen, Regatta . . . , egal, ob Sie diesen Sport als reinen Wochenendspaß betreiben oder einmal zum engagierten Könner aufsteigen, Windsurfen hält Sie geistig und körperlich gesund und leistungsfähig.
Windsurfen kann jeder lernen, in jedem Alter. Denn es kommt weniger auf Kraft als auf die richtige Fahrtechnik an. Und die ist heute so präzise definiert und in einzelne Übungsschritte aufgeteilt, daß sie mit modernem, leichtem Material für alle zwischen sieben und siebzig erlernbar ist: schnell und fast ohne ins Wasser zu fallen. Ganz ohne Reinfallen geht's natürlich nicht. Doch blicken Sie sich auf den Seen um: Die komischen, hilflosen Ins-Wasser-Plumpser, die früher noch jeden Zuschauer amüsierten, sieht man heute immer seltener.
Vielleicht standen Sie ja auch schon einmal auf dem Brett, haben sich mit dem Segel abgemüht, ein paar blaue Flecke bekommen und dann alles wieder aufgegeben. Doch mal ehrlich: Hatten Sie wirklich die richtige Anleitung?

Dieses Buch begleitet Sie von der ersten Übungsstunde an, bis Sie alle Grundbegriffe dieser Sportart beherrschen und Ihnen die Tür zum Starkwindsurfen offensteht. Natürlich lernen Sie nicht jede Lektion innerhalb einer Stunde. Mal benötigen Sie nur eine halbe Stunde, für eine andere Technik brauchen Sie vielleicht zwei Stunden. Sie können jedoch die zehn Stunden als zehn Lektionen verstehen, die insgesamt höchstens zwei bis drei Wochenenden an Freizeitinvestition ausmachen.
Für den schnellen Erfolg hilft Ihnen eine positive Einstellung enorm: Nehmen Sie es nicht tragisch, wenn Sie mal ins Wasser fallen. Es ist eine erfrischende Abkühlung, und gleichzeitig können Sie Ihre Startübungen perfektionieren. Stellen Sie sich einfach vor, Sie gehen zum Baden und nehmen zur Abwechslung mal ein Surfbrett mit. Weltmeister Robby Naish hat für seinen Erfolg ein knappes Patentrezept: „Time on water" – nur die Zeit, die Sie auf dem Wasser verbringen, zählt für den Erfolg.
Sie werden es selbst erleben: Nach dem Grundkurs möchten Sie unbedingt weitermachen und dazulernen. Das Windsurfing-Fieber hat Sie

gepackt. Deshalb geben wir Ihnen nach jedem Kapitel einen kleinen Ausblick in die Zukunft, damit Sie sehen, wie gut Sie in ein bis zwei Jahren selbst surfen können. Sie werden überrascht sein und sich freuen, was Sie an wirklich berauschenden Surferlebnissen noch alles erwartet. Dieser Ausblick soll Ihnen aber auch zeigen, daß Ihre Lernschritte einen ganz bestimmten Sinn haben. Auch wenn Ihnen eine

*Übung anfangs mühsam oder unwichtig erscheint, sie ist meistens die Grundlage für den späteren Surfspaß.
Lesen Sie sich jedes der zehn Kapitel in Ruhe durch. Versuchen Sie, sich alle Anweisungen und Tips bildlich vorzustellen. Lassen Sie die einzelnen Übungen vor Ihrem geistigen Auge ablaufen. Dieses mentale Training, das übrigens auch häufig von Profis angewendet wird, erleichtert Ihnen die Praxis auf dem Wasser enorm.
Am besten ist es, Sie beschäftigen sich pro Tag nur mit einem Kapitel und fahren mit der Lektüre erst fort, wenn Sie die vorangegangenen Techniken mehrfach in Ihrem Gehirnkino durchgespielt oder auf dem Wasser geübt haben.
Am Schluß jedes Kapitels haben wir Ihnen immer ein kleines Trainingsprogramm zusammengestellt: eine in Stichpunkten zusammengefaßte Checkliste, die Sie ruhig auswendig lernen können, und die Sie sich vor jedem neuen Abschnitt und vor allem auf dem Wasser immer wieder vorsagen.
Beginnen Sie jetzt gleich mit dem ersten Kapitel. Wir wünschen Ihnen dabei viel Spaß und viel Erfolg.*

*Susanne Hoebel
Ulrich Stanciu*

WAS SIE VOR DER ERSTEN STUNDE WISSEN SOLLTEN

BESUCHEN SIE EINE SURFSCHULE

Natürlich gibt es auf dem Wasser keine Schulpflicht. Man kann sich das Surfen jederzeit selbst beibringen oder von Freund oder Freundin erlernen. Doch erfahrungsgemäß haben alle Hobby-Lehrer, auch wenn sie noch so gute Windsurfer sind, meist nicht das Geschick und die Geduld, einem die richtige Technik beizubringen. Und wenn Sie sich in mühevoller Kleinarbeit alles selbst erkämpfen, kommen die ersten Erfolgserlebnisse nur sehr zögernd.
Die Starthilfe von einem Profi-Lehrer dagegen, der sozusagen eine Ausbildung für die Ausbildung hat, ist nicht nur sicherer (falls man einmal nicht mehr nach Hause kommt), sondern in erster Linie auch erfolgreicher. Ein Lehrer erkennt typische Anfängerfehler sofort, und oft genügt nur ein kleiner, aber wichtiger Tip, und Sie sind einen enormen Schritt weitergekommen.
Außerdem macht das Lernen in einer Gruppe viel mehr Spaß, in der Gleichgesinnte dieselben Anfangsschwierigkeiten haben. Ein weiterer Vorteil: Sie können in die vielfältige Materialwelt erst einmal hineinschnüffeln, bevor Sie sich eine teure Ausrüstung kaufen. Sie bekommen außerdem vor jeder Stunde einen Neoprenanzug geliehen, der übrigens genauso zur Grundausrüstung gehört wie Brett und Rigg.

Wie sieht nun eine gute Windsurfingschule aus?
Richtig beurteilen kann man die schulische Leistung natürlich erst nach einem Kurs. Aber ein paar Anhaltspunkte gibt es doch: Auch ohne Erfahrung können Sie ungefähr abschätzen, ob die Ausrüstung in gepflegtem Zustand ist oder nicht. Und auch ein Gespräch mit dem Lehrer zeigt Ihnen, ob er selbst auf Sie zugeht, engagiert ist und sich Mühe gibt. Fragen Sie ihn, wieviele Kursstunden in dem angegebenen Preis enthalten sind, ob im Preis auch das Ausleihen eines passenden Neoprenanzuges inbegriffen ist und wieviele Schüler in einer Gruppe zusammengefaßt werden (fünf Schüler gelten als Obergrenze). Erkundigen Sie sich auch, ob Sie Ihren Unterricht nachholen können, falls mal schlechte Wetterverhältnisse herrschen.
Nach einem abgeschlossenen Kurs können Sie dann das Grundschein-Diplom ablegen, das Sie als praktisch und

Spaß in der Surfschule: Auf dem Simulator lernt man schneller und leichter.

theoretisch ausgebildeten Windsurfer ausweist.
Ein Gütesiegel für eine seriöse Windsurfingschule: Sie sollte einem der in den „Vereinigten Ausbildungsverbänden Windsurfen (VAW)" zusammengeschlossenen Verbände angehören. Der „Verband Deutscher Windsurfing Schulen (VDWS)" zum Beispiel hat in ganz Europa ein seriöses Schulsystem aufgebaut, das an klar definierte Ausbildungs- und Ausrüstungsvorschriften gebunden ist. Bei den Verbänden erhalten Sie Gratisinformationen für den ersten Start und Adressenlisten von Surfschulen.

ADRESSEN:
Verband Deutscher Windsurfing Schulen (VDWS), *Obere Stadt 47, 8120 Weilheim.*
Verband Deutscher Segelschulen (VDS), *Varlar 86, 4428 Rosendahl 1.*
Norddeutsches Windsurfer Centrum (NWC), *Nauroder Straße 134, 6200 Wiesbaden.*

Adressen der im Ausland zusammengeschlossenen Verbände:
Verband Österreichischer Windsurfingschulen (VÖWS), *Ingenieur-Sigel-Straße 26, A-6020 Innsbruck.*
Verband Österreichischer Yacht- und Windsurfing-Schulen (VÖYWS), *Waginger Straße 4, A-6330 Kufstein.*
Schweizerischer Windsurfverband (SWSV), *Sulgenauweg 40, CH-3007 Bern.*
Außer den gewerblichen Schulverbänden gibt es noch Sportverbände, die das Windsurfen speziell in Surfvereinen fördern und sich um das Regattawesen kümmern: ***Deutscher Seglerverband (DSV),*** *Gründgensstraße 18, 2000 Hamburg 60.*
Deutscher Segelsurf Verband (DSSV), *Heidestraße 114, 5840 Schwerte.*

DAS RICHTIGE REVIER ERLEICHTERT DEN START

Beaufort	Bezeichnung	Mittlere Windstärken in km/h	
0	Windstille	0– 1	Bereich, in dem Sie als Einsteiger surfen
1	sehr leichter Wind	1– 5	
2	leichter Wind	6– 11	
3	schwache Brise	12– 19	
4	mäßige Brise	20– 28	Bereich, den Sie als Könner beherrschen.
5	frischer Wind	29– 38	
6	starker Wind	39– 49	
7	steife Brise	50– 61	
8	stürmischer Wind	62– 74	
9	Sturm	75– 88	
10	schwerer Sturm	89–102	
11	orkanartiger Sturm	103–117	
12	Orkan	118–	

Windsurfen ist ein unabhängiger Sport. Sie können mit dem Brett auf dem Autodach problemlos alle Gewässer anlaufen, die Ihnen gefallen und die Ihrem Können entsprechen. Suchen Sie sich deshalb für den Anfang ein warmes Gewässer mit sanft abfallendem Strand ohne größere Felsen oder sonstige Hindernisse. Meiden Sie Badezonen mit vielen Schwimmern.

Ideal zum Üben sind sogenannte Stehreviere, wo Sie meist mehrere hundert Meter vom Strand entfernt überall stehen und zur Not einfach zu Fuß ans Ufer zurückmarschieren können.

Der Wind, nicht zu stark, eher eine leichte Brise, sollte möglichst auflandig bis seitlich zum Ufer wehen. Das heißt, er soll direkt vom Wasser Richtung Land (auflandig) oder parallel zum Ufer (sideshore) blasen.

Größere Schwierigkeiten als zu starker Wind bereiten meist die Wellen, die Sie vor allem am Anfang häufig um Ihr Gleichgewicht bringen. Deshalb eignen sich geschützte Buchten für die ersten Startversuche am besten.

Es kann natürlich auch sein, daß das Wasser ganz glatt ist, der Wind aber ganz schön stark bläst – ein typisches Zeichen für ablandigen Wind. Das heißt, die Brise weht vom Land aufs Wasser. An solchen Tagen bleiben Sie lieber am Strand und packen Ihr Buch aus, denn Sie wollen ja nicht gleich zu Anfang über den ganzen See abgetrieben werden.

Sehen Sie sich zum Schluß noch die Tabelle über die Einteilung der Windstärken an: In der seemännischen Praxis wird die Windgeschwindigkeit in Beaufort-Stufen ausgedrückt. Mit der Zeit werden Sie ein sicheres Gefühl für die verschiedenen Windstärken entwickeln.

Ideal zum Üben: ein Stehrevier.

SO SIEHT E
WINDSUR
GERÄT AU
Erschrecken S
nicht vor so vi
Surfer-Latein. D
einzelnen Fachb
griffe werde
Ihnen mit der Ze
ganz automatisc
in Fleisch un
Blut übergehe

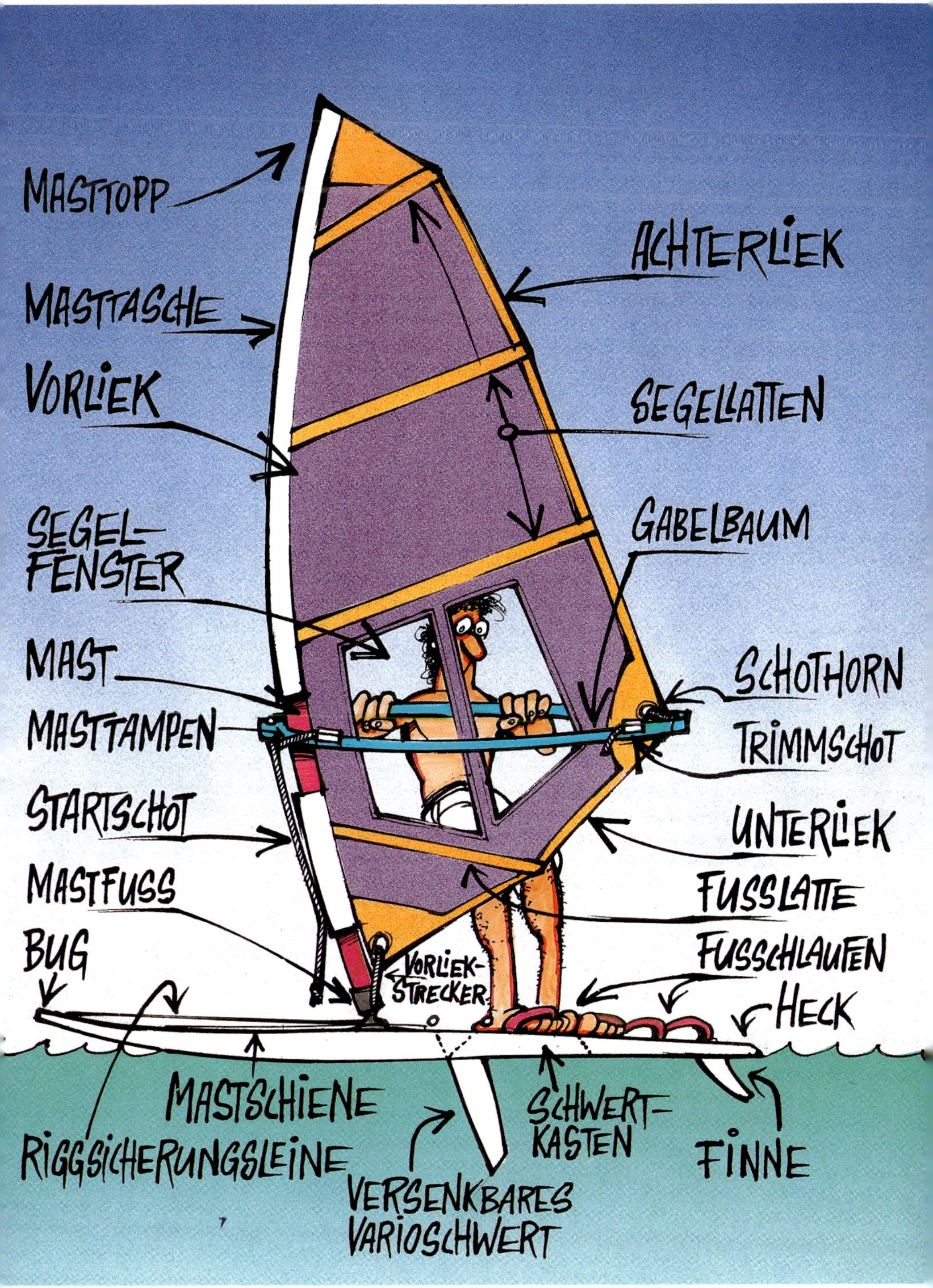
MASTTOPP
MASTTASCHE
VORLIEK
SEGEL-
FENSTER
MAST
MASTTAMPEN
STARTSCHOT
MASTFUSS
BUG
ACHTERLIEK
SEGELLATTEN
GABELBAUM
SCHOTHORN
TRIMMSCHOT
UNTERLIEK
FUSSLATTE
FUSSCHLAUFEN
HECK
VORLIEK-
STRECKER
MASTSCHIENE
RIGGSICHERUNGSLEINE
VERSENKBARES
VARIOSCHWERT
SCHWERT-
KASTEN
FINNE

1

TROCKEN-TRAINING: GEFÜHL FÜR WIND UND RIGG

Sie haben Ihr Rigg aufgebaut (siehe Seite 98), und Ihr Board liegt startbereit am Strand. Aber langsam, stürmen Sie jetzt nicht gleich aufs Wasser. In unserer ersten Stunde wollen wir zunächst einmal lernen, das Segel richtig zu führen und die Windkraft zu erspüren. Und das tun wir am besten an Land. Denn da können Sie nicht ins Wasser fallen und sich deshalb voll auf die Riggführung konzentrieren, weil ja noch kein Brett unter Ihnen wackelt. Um später die Brettbalance und die Riggführung optimal zu koordinieren, übt man am besten beides getrennt voneinander. Sie werden staunen: Nach ein paar Segelspielen an Land, die übrigens gerade in der Gruppe eine Menge Spaß bereiten, ist der Erfolg auf dem

5,3
ral

Mit dem Rücken zum Wind stemmen Sie einen Fuß gegen den Mastfuß. Ziehen Sie nun mit aufrechtem Oberkö

Das Rigg steht im Gleichgewicht. Sie klatschen blitzschnell in die Hände... ...und gehen dabei in die Hocke oder

Wasser schon vorprogrammiert: Sie fallen wesentlich weniger rein. Vielmehr gewöhnen Sie sich rechtzeitig an die Kräfte des Riggs, und auf dem Wasser ist dann nichts mehr neu und ungewohnt.

Zu alldem kommt ein neues, unbekanntes Wesen: der Wind. Er wird von nun an Ihr ständiger Begleiter sein, den es genau zu beobachten, richtig einzuschätzen und optimal auszunutzen gilt. Meist reicht ein Blick, um die Windrichtung zu erkennen: Flatternde Fahnen, hochgeworfene Gräser oder wehende Haare zeigen die Richtung an, aus der er kommt.

ligg an der Startschot hoch.

Lassen Sie Beine und Arme gestreckt und lehnen Sie Ihr Gewicht nach hinten.

en eine Pirouette oder Sie...

...laufen zum Rigg Ihres Nachbarn und fassen gleich wieder zu.

)a wir gerade beim Wind :ind: Es gibt zwei Fachbe- jriffe, die es ermöglichen, mit lem Wind und seiner Rich- ung unmißverständlich umzu- jehen: ***Luv und Lee.*** *Sie wer- len immer auf eine Person oder einen Gegenstand bezo- gen und bezeichnen die Seite, die dem Wind zugewandt (Luv) oder abgewandt (Lee) ist.*

Also: Luv: Windzuge- wandte Seite
Lee: Windabge- kehrte Seite

Versuchen Sie, Ihr Rigg im Sitzen ins Gleichgewicht zu bringen.

Startübung: Das Rigg wird am Mast ge

...die freie Hand legen Sie nun ganz locker auf den Gabelbaum...

...und dann neigen Sie das ganze Rigg ein

Doch jetzt geht's mit den Riggspielen los: Stemmen Sie einen Fuß gegen den Mastfuß – Sie stehen mit dem Rücken zum Wind, also in Luv vom Rigg –, und ziehen Sie das Rigg an der Startschot auf. Halten Sie es mit einer Hand am Mast unterhalb vom Gabelbaum. Egal, in welcher Richtung zum Wind Sie stehen – so gehalten, wird das Segel immer nach Lee auswehen. Das heißt, das flatternde Segel zeigt Ihnen die Windrichtung stets sehr genau an.
Je weiter Sie nun das Rigg in den Wind (nach Luv) ziehen, desto leichter wird es. Sie können es so weit nach Luv kip-

Wind gezogen, bis es ausbalanciert ist...

ch vorne oder nach hinten.

pen, bis es von alleine stehenbleibt, wenn Sie loslassen. Am besten spielen Sie jetzt einmal nach Lust und Laune alle Übungen auf den Fotos auf dieser und den letzten beiden Seiten durch, damit Sie im Umgang mit dem Rigg Sicherheit gewinnen und ein Gefühl dafür bekommen, wie Sie Ihr Segel drehen, kippen oder ziehen können, um die Kraft des Windes auszunutzen. Wer dabei die Augen schließt, verfeinert sein Gespür für den Druck im Segel zusätzlich.

Der Sinn all dieser Übungen ist zuerst einmal, daß Sie erkennen, wann das Rigg völlig ausbalanciert im Wind steht. Denn nur in diesem Zustand entwickelt es keine Kräfte, und Sie können es kurz loslassen, um den Gabelbaum zu greifen. Später auf dem Wasser werden Sie auch erst dann starten, wenn das Rigg völlig ausbalanciert vor Ihnen steht.

Versuchen Sie auch einmal, erst eine, dann beide Hände auf den Gabelbaum aufzulegen. Drehen Sie dann das Segel zu sich her, um so den Wind einzufangen. Dabei bemühen Sie sich, die leichten Schwankungen der Windkraft auszugleichen. Erkunden Sie, was geschieht, wenn Sie ganz breit oder sehr eng greifen. Wo sind die Punkte am Gabelbaum, an denen der Zug beider Arme gleich stark ist? Müssen Sie sich ein Stück zurücklehnen, um die Segelkraft zu halten?

Bei all diesen Gleichgewichtsübungen halten sie die Arme möglichst gestreckt. Das hilft Ihnen auf dem Wasser enorm. Denn gebeugte Arme erfordern mehr Krafteinsatz. Bei gestreckten Armen dagegen setzt man automatisch sein Körpergewicht ein – eine Grundvoraussetzung übrigens nicht nur für den ersten Start, sondern auch fürs spätere Starkwindsurfen.

1

TRAININGSPROGRAMM

- *Luv = Windzugewandte Seite,*
  Lee = Windabgekehrte Seite.
- *Windrichtung erkennen.*
- *Segelaufholen an Land.*
- *Balanceübungen mit dem Rigg.*
- *Ertasten der Windkraft.*

sea wind

1

AUSBLICK: AUCH KÖNNER TRAINIEREN MANÖVER AN LAND

Alle sogenannten „Beach-Techniken", wie sie von den Profis genannt werden, sind absolut sinnvoll. Je höher nämlich das Fahrkönnen wird, desto komplizierter erscheinen einem manche Bewegungsabläufe. Deshalb werden schnelle, schwierige Manöver später in einzelne Teilschritte zerlegt, die man sich an Land kraftsparend und mühelos verinnerlichen kann, ohne dabei ins Wasser zu fallen. Machen Sie es auch wie die Könner: Üben Sie jede neue Technik zwischendurch immer wieder an Land. So lernen Sie schneller und leichter. Die Duck Jibe (Tauchhalse), die Sie auf diesem Foto sehen, ist ein faszinierendes, effektvolles Funboardmanöver. Sie scheint vielen oft unerreichbar. Doch vorher an Land trainiert, kann sie heute jeder lernen.

2

DER ERSTE KONTAKT MIT DEM WASSER

BALANCIEREN AUF DEM BRETT

Mittlerweile verstehen Sie es ganz gut, mit der Kraft des Segels umzugehen. Jetzt fehlt Ihnen nur noch die Bekanntschaft mit dem nassen Element und dem Brett. „Das Brett ist so wacklig", hört man immer wieder bei den ersten Startversuchen. Dabei geht es eigentlich ganz schnell, sich an den kippligen Boden unter den Füßen zu gewöhnen: Gehen Sie mit Ihrem Brett ohne Rigg in hüfttiefes Wasser, und steigen Sie von der Seite, etwa in Höhe des Schwertkastens, auf.
Jetzt spielen Sie einfach mal zehn Minuten ein paar Balanceübungen durch: Knien Sie sich hin, springen Sie ein paarmal in die Luft und machen Sie dabei eine Drehung. Tauchen Sie unter dem Brett durch (Vorsicht: Finne und Schwert), oder paddeln

malibu
mistral

Versuchen Sie, die Kippstabilität durch Hin- und Herschaukeln zu erfühlen.

Gehen Sie so weit wie möglich vor zum E

So tragen Sie das Rigg:
Sie stehen in Luv und fassen mit einer Hand an den Gabelbaum, mit der anderen Hand am Mast oberhalb der Gabel. Merken Sie, wie leicht sich das Rigg plötzlich anheben läßt? In dieser Stellung können Sie sich jedoch nicht beliebig umdrehen, das heißt, Sie müßten rückwärts gehen, um nach Luv zu gelangen.

Trägt man das Rigg dagegen über dem K
und in jede Richtung vorwärts laufen. D
oberhalb des Gabelbaums, heben das R
den Gabelbaum. Beim Tragen muß der M
Mit Schwung lassen Sie das Rigg ins Was

Sie auf Ihrem Board liegend wieder ans Ufer zurück. Mit etwas Fantasie fallen Ihnen sicher noch zahlreiche andere Balanceübungen ein.

2

TRAGEN VON BRETT UND RIGG INS WASSER

Tragen Sie grundsätzlich immer zuerst das Rigg ins Wasser. Es kann nämlich auch bei stärkerem Wind nicht abgetrieben werden, weil es immer etwas unter Wasser schwimmt. Das Board dagegen treibt sehr schnell ab. Ein aufgespanntes Rigg zu tragen erscheint Ihnen an-

d zurück zum Heck.

Tauschen Sie auf dem Wasser das Brett mit Ihrem Partner.

nen Sie sich unter dem Segel drehen
ifen Sie den Mast etwa einen Meter
r den Kopf in den Wind und greifen dann
ier quer zum Wind stehen.
iten – es fliegt wie ein Flügel.

Beim Zusammenstecken von Brett und Rigg sollte das Segel in Lee liegen. Die sogenannte Riggsicherungsleine, mit der Brett und Rigg verbunden werden, ist ein lebenswichtiges Zubehör, das Sie niemals vergessen dürfen. Denn falls bei stärkerem Wind der Mastfuß einmal aus dem Brett springen sollte, kann das Board schneller abtreiben, als Sie selbst schwimmen können. Am Rigg angekettet, liegt das Brett jedoch wie an einem Treibanker.

fangs vielleicht schwer. Wenn sie jedoch den Wind zu Hilfe nehmen, wird das Rigg-Tragen zum Kinderspiel: Das Segel wirkt wie eine Flugzeugtragfläche.
Und so wird's gemacht: Der Mast zeigt grundsätzlich nach Luv, das Gabelbaumende nach Lee. So kann das Rigg nicht umschlagen, und es entwickelt ein Profil, so daß es zum großen Teil von der Windkraft getragen wird.
Das Brett nehmen Sie einfach unter den Arm, mit einer Hand im Schwertkasten, mit der anderen in der Mastspur.

Segelaufholen: Wenden Sie möglichst wenig Muskelkraft an, sondern setzen Sie Ihr Körpergewicht ein. Das heißt, Sie stehen locker mit geradem Rücken und fast gestreckten Beinen und halten die Startschot am unteren Ende mit gestreckten Armen.

Lehnen Sie Ihren Oberkörper nun nach hinten. Keine Angst, das Segel haftet noch am Wasser und hält Sie. Sobald Sie das Rigg dann etwas angelupft haben, dürfen Sie sich eine Pause gönnen, bis das Wasser aus der Masttasche abgelaufen ist.

Jetzt befinden Sie sich in der sogenannten Grundstellung: die Vorbereitung zum Start. Prägen Sie sich diese Haltung genau ein: Beide Beine stehen links und rechts neben dem Mastfuß, der Oberkörper ist aufrecht, und mit einer oder beiden Händen halten Sie das Rigg am Mast unterhalb vom Gabelbaum. Die Arme sind dabei gestreckt. Das Gewicht des Riggs hilft Ihnen, das Gleichgewicht zu halten. Das Segel flattert nach Lee, das Brett liegt quer zur Windrichtung. Der Bug zeigt die Richtung an, in die Sie losfahren.

Segelaufholen aus Luv: Sie lupfen das Segel auf der Luvseite mit einem Ruck ein Stück weit aus dem Wasser und halten das Brett mit den Füßen so, daß es nicht mitdreht.

Ziehen Sie
das Gabelba
hängt. Der W
und drückt
Brett.

SEGELAUFHOLEN AUF DEM WASSER

Endlich ist es soweit. Brett und Rigg sind miteinander verbunden, die Riggsicherung ist eingehakt. Sie klappen das Schwert aus, weil es die Kippeligkeit erheblich dämpft, und steigen dann von Luv aufs Brett. Das Segel liegt immer noch auf der Leeseite. Stellen Sie Ihre Füße nun in gleichem Abstand links und rechts neben den Mastfuß genau in die Brettmitte, und halten Sie sich an der Startschot fest. Sehen Sie sich nun die obere Fotoserie dazu an.
Später kann es natürlich auch passieren, daß das Rigg auf der falschen Seite des Boards, nämlich in Luv liegt. Kein Problem für Sie, denn vorsichtshalber üben wir schon jetzt, das Segel von Luv nach Lee zu bringen.
Dazu gibt es zwei verschiedene Möglichkeiten: Sie lupfen das Segel ein kleines Stück aus dem Wasser, so daß der Wind ins Segel fassen

ı ziehen Sie das Rigg zügig Hand über Hand an der
ɾtschot hoch, wie Sie das ja bereits an Land geübt haben.
:ken gerade, Kopf hoch!

Sobald das Gabelbaumende das Wasser nicht mehr berührt, nimmt die Zugkraft am Segel deutlich ab. Stellen Sie sich darauf ein, sonst fallen Sie rückwärts ins Wasser.

ɪ, daß nur noch
e im Wasser
ßt das Segel
en Sie und das

Nun ziehen Sie das Rigg wieder mit einem kleinen Ruck völlig aus dem Wasser – es schlägt sofort über das Brett auf die andere Seite nach Lee.

Dabei drehen Sie sich blitzschnell mit um und halten das Segel ganz oben an der Startschot, damit es nicht gleich wieder ins Wasser fällt.

kann. Sie selbst bleiben ruhig stehen und lassen sich einfach samt Brett vom Wind umdrehen. Da das Segel nämlich die größere Angriffsfläche hat, will es immer vom Wind weg, also nach Lee drehen. Vergessen Sie dabei nicht: Oberkörper zurück, Arme lang und Rücken gerade.

Die zweite Möglichkeit ist schneller und eleganter, aber auch etwas schwieriger. Da sich das Brett im Gegensatz zur ersten Methode nicht mitdreht, bleiben Sie gleich in der ursprünglichen Fahrtrichtung und ersparen sich einen Richtungswechsel. Sehen Sie sich die Technik zu der zweiten Methode wieder auf der Fotoserie an.

2

TRAININGSPROGRAMM

- *Balanceübungen auf dem Brett.*
- *Tragen des Riggs über Kopf.*
- *Aufholen des Segels aus Lee und aus Luv.*
- *Richtige Grundstellung.*

2

AUSBLICK: SPÄTER TRAGEN SIE ALLES ZUSAMMEN

So leicht und elegant sieht es aus, wenn ein Könner Brett und Rigg gemeinsam ans Wasser trägt. Sie wissen natürlich jetzt schon, wer dabei heimlich mithilft – der Wind. Und ahnen Sie auch, was der bekannte Profi-Surfer Klaus Simmer auf dem Foto gleich tun wird? Er setzt sein komplettes Gerät einfach im Wasser ab, steigt auf und fährt los. Keine Ungeduld, auch Sie werden diesen lockeren Beachstart bald lernen.

3

DREHÜBUNGEN: GRUNDLAGE FÜR JEDES MANÖVER

Natürlich könnten Sie nach dem Segelaufholen gleich den Start üben und losfahren. Was tun Sie jedoch, wenn Sie mitten auf dem See umdrehen wollen, um wieder ans Ufer zurückzukommen?
Sicher, Sie könnten das Segel ins Wasser werfen, schwimmend das Brett in die andere Richtung drehen, wieder aufsteigen und neu starten. Das wäre jedoch sehr unfachmännisch und viel zu mühsam.
Und weil Sie jetzt noch keine Manöver beherrschen, sollten Sie immerhin Ihr Brett unter den Füßen drehen können – nicht nur, um Ihren Ausgangspunkt wieder zu erreichen, sondern auch, um eventuellen Hindernissen auszuweichen.
Am besten ist es, Sie trainieren die Segelführung für diese Brettdrehung zuerst wieder an Land. Auf dem Wasser fällt Ihnen eine 360-Grad-Drehung

WINDWARD
mistral

Wie gewohnt holen Sie das Segel auf: ganzes Körpergewicht einsetzen, Rücken gerade, Arme und Beine fast gestreckt.

Neigen Sie nun das ganze Rigg vor Ihrem Körper zuerst nach rechts...

dann schon wesentlich leichter. Beginnen wir mit einer kleinen Trockenübung, zu der Sie sich bitte wieder die Fotos anschauen.
Wenn Sie das Segel-Schwenken schon im Gefühl haben, üben Sie das Ganze im tiefen Wasser. Erinnern Sie sich ans Segelaufholen? Wenn Sie den Mast nicht direkt über dem Gelenk aufgezogen haben, beginnt das Brett ein wenig zu drehen.
Sie werden jetzt eine ähnliche Erfahrung machen:

Neigen Sie das Rigg Richtung Heck, dreht das Brett mit dem Bug in den Wind.
Neigen Sie das Rigg Richtung Bug, dreht das Brett mit dem Heck in den Wind.

ndstellung: Eine Hand greift den Mast, Sie stehen vor dem Mastfuß und lassen das Rigg am langen Arm auswehen.

nd dann in der gleichen Ebene nach links. Dabei bleiben Sie aufrecht stehen und lassen Ihren Arm gestreckt.

Mit dieser fein dosierten Rigg-Neigung können Sie Ihre Brettlage zentimetergenau bestimmen. Das ist vor allem für den Start wichtig, für den man das Board ja in eine 90-Grad-Position zum Wind bringen muß. Sie können nun das Rigg weiter schwenken – über das Heck oder über den Bug hinaus. Sehen wir uns die Fotoserie genauer an:
Die Drehübungen beherrschen Sie jetzt. Doch vielleicht fragen Sie sich, warum das Brett eigentlich so ganz ohne Ruder nur durch Rigg-Neigung steuert. Nicht erschrekken, es folgt keine graue Theorie, sondern nur eine kurze Erklärung für alle Wißbegierigen:
Das Segel besitzt einen imaginären Punkt, auf den die ge-

Das Brett dreht mit dem Bug in den Wind: Neigen Sie das Rigg – immer von der Grundstellung ausgehend – zum Heck, füllt sich das Segel mit Wind. Das Brett nimmt ganz leicht Fahrt auf und dreht mit dem Bug zum Wind.

Dabei geben die Füße der Brettdrehung nach, das heißt, sie treten mit kleinen Schritten um den Mastfuß herum, die Zehen zeigen dabei stets zum Gabelbaumende.

Das Segel bleibt möglichst immer in seiner Stellung: Es weht nach Lee, nur das Brett dreht um seine Achse.

Das Brett dreht mit dem Heck in den Wind: Wenn Sie jetzt umgekehrt das Segel zum Bug neigen, dreht sich der Bug weg vom Wind, das Heck dreht zum Wind hin.

Je dichter Sie das Gabelbaumende zum Wasser hinunterhängen lassen, desto zügiger wird Ihr Brett reagieren.

Sie trippeln wieder langsam um den Mastfuß herum...

uch Sie bleiben unverändert mit dem ücken zum Wind, Ihr Arm ist gestreckt.

Das Brett dreht sich unter dem flatternden Segel solange, bis der Bug genau in die entgegengesetzte Richtung zeigt – das war eine halbe Drehung (180 Grad).

bis Sie eine 360-Grad-Drehung gefahren nd, das heißt, das Brett einmal um die gene Achse gedreht haben.

Und weil es schon so gut geht, üben Sie gleich noch einmal das Segel-Neigen zum Heck – die Drehübungen sind wichtig für Ihre Sicherheit, denn Sie wollen ja nicht gleich mit einer ungewollten Seeüberquerung beginnen.

samte Kraft des Windes einwirkt: den Segeldruckpunkt. Das Brett hat ebenfalls einen Flächendruckpunkt (auch Lateralschwerpunkt genannt), beziehungsweise einen Drch punkt, der sich ungefähr zwischen Mastfuß und Schwert befindet. Liegt der Segeldruckpunkt genau über dem Drehpunkt des Boards, dann steht das Brett neutral im Wind oder fährt geradeaus. Neigt man nun das Rigg nach vorne, greift die Windkraft vor dem Drehpunkt an und drückt so das Brett vorne vom Wind weg. Man fährt eine Kurve nach Lee. Umgekehrt ist es logischerweise, wenn man das Rigg nach hinten neigt: Die Windkraft greift hinter dem Drehpunkt an, das Heck wird weggedrückt, das Brett fährt eine Kurve zum Wind hin, nach Luv. Das ist der Grund, warum jedes Windsurfgerät einen nach allen Seiten drehbaren Mastfuß besitzt. Dieses Gelenk ersetzt sozusagen das Ruder der Segelboote.

3

TRAININGSPROGRAMM

- *Grundstellung.*
- *Mast nach vorn neigen: Brett dreht nach Lee, vom Wind weg.*
- *Mast zurückneigen: Brett dreht nach Luv, zum Wind hin.*
- *Drehübung: Brett dreht um 360 Grad unter den Füßen durch.*

40
KUONI
248
KUONI
226
KUONI

3

AUSBLICK: REGATTAFAHRER MANÖVRIEREN ZENTIMETERGENAU

Mit diesen Drehübungen können Sie das Brett später in alle beliebigen Richtungen dirigieren. Das ist ein tolles Gefühl. Aber das exakte „Ausrichten des Boards“, wie diese Übung genannt wird, hat noch eine andere wichtige Bedeutung für eine der interessantesten Varianten im Surfsport: Auf Regatten, wo sich oft Hunderte von wettkampflustigen Surfern messen, können ungeübte „Dreharbeiter“ schon mal ins Schwitzen kommen: Einerseits darf keiner vor dem Startschuß über die Startlinie hinausfahren, andererseits darf man auch die Mitstreiter nicht behindern. Und da bei einer Regatta ein guter Start oft sehr viel entscheidet, haben die Surfer die besten Chancen, die sich genau zur richtigen Zeit an den optimalen Startplatz heranmanövrieren können.

4

DER START: SEGEL DICHT, ES KANN LOSGEHEN

Nach so vielen Trocken- und Drehübungen kommen wir endlich zum Start. Wenn Sie das Trainingsprogramm von Lektion eins bis drei bereits ausgiebig studiert und geübt haben, dann können wir Ihnen jetzt Folgendes garantieren: Sie ziehen das Segel hoch, starten und fahren los, ohne auch nur einmal ins Wasser zu fallen.
Da der Start aus zwei verschiedenen Bewegungsabläufen besteht, die zügig aufeinander folgen müssen, teilen wir diese auch in zwei Lernschritte auf: Die Riggführung üben Sie zuerst an Land, den Start mit bereits perfekter Segelstellung auf dem Wasser.
Ausgangspunkt ist – Sie wissen es bereits – wieder die Grundstellung: Das Brett liegt parallel zum Wind, das Segel

FANATIC

Segelführung: Wir beginnen wieder an Land. Mit der Masthand ziehen Sie das Rigg an Ihrer Schulter vorbei nach Luv. Dabei ist es ganz wichtig, daß Ihr Oberkörper sich mitdreht und nun quer zur Fahrtrichtung steht. Sie müssen dabei das Rigg unbedingt so weit nach Luv kippen, daß es ausbalanciert und ganz von alleine steht.

Der Gabelbaum zeigt parallel zum Strand, und Sie können jetzt durchs Segelfenster nach vorne auf den Bug Ihres Boards schauen. Der Oberkörper ist quer zur Fahrtrichtung gedreht. Legen Sie nun die Segelhand locker auf den Gabelbaum – ohne Zug, ohne Druck.

Zum Anfahren müssen Sie jetzt nur dichtholen. Das heißt, Sie drehen Ihren Oberkörper in seine Ausgangsstellung zurück. Jetzt füllt sich das Segel mit Wind, Sie spüren den Segeldruck in beiden Händen.

Fußstellung: Noch bevor Sie das Rigg nach Luv ziehen, wechseln Sie die Position der Füße: Aus der Grundstellun heraus...

*weht nach Lee aus, der Winkel zwischen Brett und Rigg beträgt etwa 90 Grad. Sie stehen mit dem Rücken zum Wind, Füße beidseits vom Mast. Die vordere Hand, die wir von nun an **Masthand** nennen, hält das herausgezogene Segel am Mast knapp unter dem Gabelbaum. Die hintere Hand ist ab jetzt unsere **Segelhand**.*

Sehen Sie sich für alle nun folgenden Bewegungen die Fotoserie der Segelführung an. Wenn Sie die Segelführung an Land perfekt beherrschen, dürfen Sie zum ersten richtigen Start aufs Wasser gehen. Bevor Sie aber hier das Rigg zum Start dichtnehmen, müssen erst die Füße auf dem Brett aus der Grundstellung in die Fahrtposition wandern (siehe Fotoserie Fußstellung).

uhen Sie sich in dieser Stellung aus. Blicken Sie sich um, nd gewöhnen Sie sich an diese Position.

Nun wechseln Sie auch mit der Masthand an den Gabelbaum. Sie stehen jetzt schon in der richtigen Fahrstellung, allerdings flattert das Segel noch im Wind.

setzen Sie zuerst den hinteren Fuß etwa auf den Schwert- sten quer zur Fahrtrichtung...

...und den vorderen Fuß knapp hinter den Mastfuß, schräg zur Fahrtrichtung. Das Rigg wird wie bisher mit einer Hand festgehalten und durch leichtes Schwenken nach vorne oder hinten in der Querab-Position gehalten.

Das können Sie übrigens auch schon an Land üben. Der erste Start ist geglückt – Sie fahren. Wie sieht nun die richtige Fahrhaltung aus? In erster Linie möchten Sie natürlich möglichst kraftsparend surfen. Vor allem bei etwas mehr Wind beugt die richtige Technik einem großen Muskelkater vor. Also: Verlagern Sie Ihr Körpergewicht durch leichtes Zurücklehnen auf den hinteren Fuß. Das vordere Bein steht gestreckt schräg zur Fahrtrichtung, das hintere Bein ist leicht angewinkelt, um die Balance zu halten. Die Arme sind fast gestreckt, den Oberkörper lehnen Sie dosiert gegen die Windkraft nach hinten. Beherzigen Sie zum Schluß noch folgende Regel: Oberkörper raus, Po rein.

Die Füße stehen in ihrer neuen Stellung. Jetzt ziehen Sie das Rigg aktiv am Körper vorbei nach Luv, bis das Rigg ausbalanciert steht. Das Rigg läßt sich nur in diese Position bringen, wenn der Oberkörper mitdreht.

Die Segelhand greift an den Gabelbaum. Noch immer ist kein Druck im Segel. Das Segel killt, das heißt, es flattert.

Segel backhalten: Aus der normalen Fahrhaltung heraus drücken Sie das Segel kräftig gegen den Wind.

DER NOTSTOPP

Sie genießen den neu entdeckten Zauber des Geradeausfahrens, da kommt Ihnen plötzlich etwas in die Quere. Ganz spontan lassen Sie das Rigg ins Wasser fallen, das Segel wirkt wie ein Anker, und nach fünf bis zehn Metern bleibt Ihr Board endlich stehen. Das ist die einfachste Art des Bremsens. Aber bedenken Sie, daß dabei Ihr fast fünf Meter langer Mast ins Wasser fällt und möglicherweise das Hindernis berührt – abgesehen davon, daß Sie vermutlich auch ins Wasser fallen.
Eine wesentlich elegantere und vor allem schnellere Methode des Anhaltens ist der sogenannte Notstopp: Sie drücken das Segel aus der Fahrtposition wieder nach vorne gegen den Wind (Oberkörper dreht mit), und zwar so weit, daß der Wind plötzlich von der falschen Seite einfällt. Je stärker der Wind, desto kräftiger müssen Sie natürlich dagegendrücken. Man nennt diesen Vorgang auch: das Se-

ie Masthand greift ebenfalls an den Gabelbaum, beide rme sind leicht angewinkelt; noch nicht dichtholen.

Jetzt drehen Sie den Oberkörper wieder zurück, dabei wird das Segel automatisch dichtgezogen, der Wind füllt das Segelprofil, Sie fahren! Es ist fantastisch. Genießen Sie dieses neue Gefühl.

Kraftsparende Haltung: Der Körper steht gerade und locker.

gel backhalten.
Wenn Sie jedoch nicht gleich vollständig anhalten, sondern einfach nur langsamer fahren wollen, dann drehen Sie Ihren Oberkörper nur ganz leicht quer zur Fahrtrichtung, bis der Wind nicht mehr voll ins Segel greift und der Druck nachläßt. Diesen Vorgang nennt man: das Segel (auf)fieren.

4

TRAININGSPROGRAMM

- *Grundstellung.*
- *Füße hinter den Mast.*
- *Rigg nach Luv ziehen, Oberkörper dreht quer zur Fahrtrichtung.*
- *Segel- und Masthand greifen an den Gabelbaum.*
- *Losfahren: Oberkörper dreht zurück, Segel ist dichtgezogen.*
- *Langsamer werden: Oberkörper dreht wieder quer zur Fahrtrichtung (fieren).*
- *Notstopp: Segel gegen den Wind drücken (backhalten).*

NABISCO
SPEED + SLALOM
1
NABISCO
SPEED + SLALOM
MAKA

4

AUSBLICK: SCHNELLER WERDEN DURCH KÖRPERGEWICHTSTRIMM

Gewöhnen Sie sich gleich zu Beginn an eine möglichst kraftsparende Körperhaltung. Versuchen Sie, alle anfänglichen Verkrampfungen zu lösen, und stehen Sie so locker wie möglich auf Ihrem Brett. Das hilft Ihnen enorm, ein Gefühl für die richtige Segelstellung zu bekommen. Der Einsatz Ihres Körpergewichts ist später beim Gleiten besonders wichtig. Vor allem in hohen Windstärken werden Sie problemlos Geschwindigkeiten zwischen 40 und 50 Kilometer pro Stunde erreichen. Sie können diesen Speedrausch stundenlang genießen, weil die Segelkräfte über einen Trapezgurt von Ihrem Körpergewicht und nicht von der Muskelkraft gehalten werden. Das Geheimnis des Windsurfens heißt also: viel Köpfchen, wenig Muskelschmalz.

5

ANLUVEN UND ABFALLEN: SIE STEUERN IHR BRETT

Zwei neue Begriffe tauchen auf: Anluven und Abfallen. Sicher haben Sie schon erraten, was sie bedeuten. Erinnern Sie sich an die Drehübungen: Rigg zum Heck und zum Bug neigen. Nichts anderes bedeutet auch das Anluven und das Abfallen – nur daß Sie das Ganze während der Fahrt durchführen und damit Ihr Brett problemlos in alle Richtungen steuern können. Üben wir dazu zuerst wieder die richtige Segelstellung an Land (siehe Fotos Seite 48/49).
Bevor Sie nun gleich aufs Wasser stürzen, machen wir uns doch noch ein paar Gedanken zum Wind und Ihrer Stellung zum Wind. Der Wind weht immer aus derselben Richtung. Sie aber ändern durch Anluven oder Abfallen Ihre Stellung zum Wind, das heißt, Sie fahren auf verschiedenen ***Kursen.***

Nehmen wir an, Sie fahren geradeaus. Ziehen Sie eine Linie zwischen Gabelbaumanfang und -ende, und stellen Sie sich Ihr Segel als eine Ebene vor. Zum Anluven neigen Sie nun Ihr Rigg in dieser Segelebene nach hinten. Ihr Brett würde jetz eine Drehung zum Wind hin, nach Luv machen.

Damit das Segel jedoch immer optimal mit Wind gefüllt ist, muß sich die Segelstellung auf diesen Kursen stets ändern. Wie Sie das genau machen, lesen Sie im Kapitel „Kursefahren" auf Seite 70. Wir wollen uns zunächst nur einmal die vier möglichen Kurse ansehen:

*1. Wenn Sie nach dem Start geradeaus surfen, liegt Ihr Brett noch quer zum Wind. Das heißt, der Wind kommt von der Seite, Sie fahren **halbwinds** oder auf **Halbwindkurs.***

*2. Luven Sie nun ein wenig an, gerade so weit, daß Sie nicht direkt im Wind stehen – gegen den Wind können Sie nicht surfen –, dann befinden Sie sich auf **Amwindkurs**, Sie fahren **am Wind**.*

*3. Fallen Sie nun wieder über den Halbwindkurs hinaus ab, kommt der Wind schräg von hinten, Sie fahren **raumschots** oder auf **Raumschotkurs.***

4. Fallen Sie jetzt noch weiter ab, bis der Wind genau von hinten kommt und Sie mit den

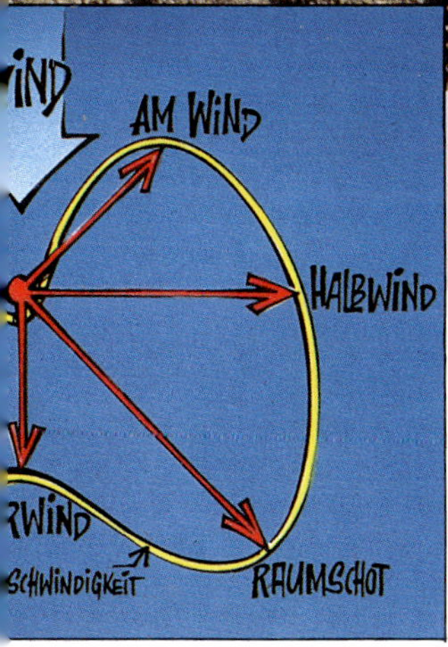

Umgekehrt verfahren Sie, wenn Sie wieder vom Wind wegdrehen, also abfallen wollen: Sie kippen das Rigg in der Segelebene, ohne jedoch die Segelstellung zu verändern, nach vorne.

m Am-Wind- bis Raumschotkurs nimmt Geschwindigkeit ständig zu.

*Wellen in die Richtung fahren, in die der Wind weht, dann befinden Sie sich auf **Vorwindkurs.***
Doch jetzt geht's wieder aufs Wasser. Schauen wir uns das Anluven und Abfallen auf den Fotos an.
Bei all diesen Kursen ist es wichtig, daß Sie Ihr Segel immer im richtigen Winkel zum Wind halten. Das erreichen Sie durch Drehen des Segels mit dem Oberkörper: dichtholen oder auffieren. (Frinnern Sie sich an den Start, Seite 38). Fängt das Segel während der Fahrt an zu killen, muß es wieder dichtgeholt werden. Steht es jedoch zu dicht, liefert es nicht nur zu wenig Vortrieb, das heißt, das Brett verlang-

Anluven: Sie fahren nach dem Start geradeaus auf Halbwindkurs.

Jetzt wird das Rigg in der Segelebene nach hinten und leicht nach Lee gekippt. Dabei verlagern Sie Ihr Gewicht a den hinteren Fuß, wodurch Sie das Brett in die Drehung hineindrücken.

Abfallen: Auch hier segeln Sie zunächst auf Halbwindkurs, der Wind kommt genau von der Seite.

Wollen Sie nun abfallen, also vom Wind wegdrehen, kippe Sie das Rigg in der Segelebene nach vorne und Luv.

samt sich, sondern es erzeugt auch eine hohe Querkraft: es treibt seitlich weg, und Sie müssen zuviel Segeldruck halten.
Wie aber erreicht man nun die richtige Segelstellung? Fieren Sie das Segel während der Fahrt mal kurz so weit auf, bis es am Vorliek zu killen beginnt. Drehen Sie das Segel dann eine Spur zurück, bis es gerade nicht mehr killt. Auf diese Weise können Sie sich ständig davon überzeugen, daß Sie die Windkraft optimal nutzen. Experimentieren Sie laufend auf dem Wasser mit der Segelkraft herum, bis Sie ein Gefühl für die optimale Segelstellung bekommen. Natürlich klappt das nicht auf Anhieb, aber nach ein paar Übungsschlägen werden Sie selbst merken, wie Ihre Sensibilität für die richtige Segelstellung zunimmt.

as Gabelbaumende schwebt nah über der Wasseroberflä-he. Ihr Brett dreht eine Kurve Richtung Wind. Nehmen Sie as Segel dabei kontinuierlich etwas dichter, denn es muß nmer mit Wind gefüllt sein und darf nicht killen.

Kippen Sie nun das Rigg in die normale Stellung zurück, sobald Sie die gewünschte Fahrtrichtung erreicht haben. Sonst luven Sie immer mehr an, und das Brett dreht zu weit in den Wind. Ihr Board würde dann mit flatterndem Segel stehenbleiben.

abei fieren Sie das Segel etwas auf, das Schothorn zeigt ach oben, die Arme sind gestreckt und Ihr Oberkörper steht im Gegensatz zum Anluven – quer zur Fahrtrichtung.

Um zu verhindern, daß Sie zu weit abfallen, kippen Sie Ihr Rigg zum Schluß wieder in die normale Stellung zurück.

5

TRAININGSPROGRAMM

- *Geradeausfahren.*
- *Anluven: Rigg wird in der Segelebene nach hinten geneigt; Brett steuert zum Wind, Segel dichtholen.*
- *Abfallen: Rigg wird in der Segelebene nach vorn geneigt; Brett steuert vom Wind weg, Segel auffieren.*
- *Nach beendeter Kurve: richtige Segelstellung herausfinden.*

5

AUSBLICK: AUS DER RIGGSTEUERUNG WIRD SPÄTER FUSS-STEUERUNG

Bei Leichtwind sind Sie auf eine perfekte Riggsteuerung angewiesen, um Ihr Board in alle Richtungen dirigieren zu können. Wenn Sie dann später einmal stärkeren Wind beherrschen und kleinere Bretter ohne Schwert fahren, kommt zur Riggsteuerung die Fußsteuerung. Das heißt, Sie belasten dann die Boardkanten mit den Füßen wie bei einem Wellenbrett oder einem Wasserski. Das Faszinierende daran: Der ganze Körper ist über die Fußschlaufen mit Brett und Rigg zu einer Einheit verschmolzen. So können Sie spektakulär schnelle Slalomkurven ins Wasser schneiden. Eine herrliche Herausforderung, die Sie schon in ein bis zwei Jahren selbst erleben können.

6

DIE WENDE: MIT DEM BUG DURCH DEN WIND

Sie haben nun schon einiges gelernt und an Standfestigkeit gewonnen. Sie beherrschen den Start, sind mit Anluven und Abfallen vertraut und kommen auch wieder an Ihren Ausgangspunkt zurück, indem Sie sich mit einer halben Drehung helfen. Aber das Brett jedesmal anzuhalten und neu zu starten, wenn Sie umkehren wollen, ist nicht der Weisheit letzter Schluß. Es gibt wieder eine elegantere, schnellere und kraftsparendere Möglichkeit, sein Brett um 180 Grad zu drehen und dann zurückzusurfen: die ***Wende.***
Die Wende ist eine Richtungsänderung, bei der Sie aus der Fahrt heraus mit dem Bug

5,3
mistral
mistral LCS

Sie fahren auf Amwindkurs und blicken vorher kurz nach Luv, ob der Weg frei ist. Zum Anluven greifen Sie mit der Masthand unterhalb vom Gabelbaum an den Mast.

Setzen Sie den vorderen Fuß vor den Mast und luven Sie an, bis das Brett mit dem Bug genau in den Wind zeigt.

durch den Wind drehen, die Segelseite wechseln und in die entgegengesetzte Richtung weiterfahren. Wenn Sie das Brett drehen und in die andere Richtung zurücksurfen, wissen Sie schon, daß das Segel auf der anderen Seite steht. Wir sprechen dabei vom Segeln auf einem Bug. Steht das Segel auf der Backbordseite, das ist in Fahrtrichtung gesehen links, so segelt man auf ***Backbordbug.*** *Wenn das Segel auf der rechten Seite steht, in Fahrtrichtung gesehen auf der Steuerbordseite, so fährt man auf* ***Steuerbordbug****.*

Also:
Steuerbord = rechts
Backbord = links
in Fahrtrichtung gesehen

Die Wende verbindet also einen Kurs auf Steuerbordbug mit einem Kurs auf Backbordbug. Sie benutzen dieses Manöver hauptsächlich dann, wenn Sie ***Höhe laufen,*** *also*

können Sie das Rigg weiter nach hinten neigen und damit zügiger anluven. Neigen Sie nun das Rigg energisch in der gelebene nach hinten/Lee.

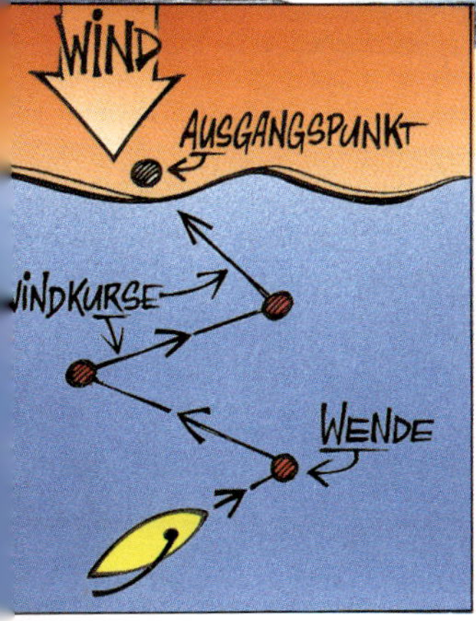

Jetzt nehmen Sie auch die Segelhand an den Mast und machen mit einer halben Körperdrehung einen Schritt vor den Mast, so daß Sie auf das Heck blicken.

gegen den Wind fahren wollen. Sie wissen schon, daß man mit keinem Segelfahrzeug direkt gegen den Wind fahren kann, sondern nur am Wind, also schräg zum Wind hin. Um nun einen Punkt senkrecht in Luv zu erreichen, müssen Sie in einem Zickzackkurs immer wieder am Wind fahren. Das nennt man ***kreuzen****. Der Hauptvorteil der Wende liegt nun darin, daß Sie bei diesem Manöver immer ein bißchen Höhe gewinnen, denn Sie müssen ja ein kurzes Stück in den Wind hineinfahren. Deshalb ist die Wende das ideale Manöver für den Kreuzkurs, wenn Sie also Höhe zum Wind gewinnen wollen.*

Doch jetzt geht's los. Wir er-

Nun folgt die Ihnen schon bekannte Drehübung: Die Segelhand läßt den Mast los, Sie kippen das Rigg auf die andere Seite des Boards nach vorne und setzen dabei die Füße beidseitig neben den Mastfuß. Das Brett dreht durch den Wind.

Sie ziehen das Rigg an Ihrem Körper vorbei, bis es ausbalanciert ist.

Erst greift die neue Segelhand, dann

klären Ihnen die Wende wieder anhand der Fotoserie. Bei der Wende werden Sie anfangs sicher einige Balanceschwierigkeiten haben. Sobald das Brett durch den Wind geht, haben Sie keinen festen Halt mehr, da der Druck im Segel fehlt. Diesen kritischen Punkt können Sie überwinden, indem Sie den Ablauf der Wende zügig durchführen. Je schneller Sie die Seite wechseln, um so eher steht Ihnen der stabilisierende Winddruck im Segel wieder als Halt zur Verfügung. Gehen Sie deshalb mit soviel Schwung wie möglich in die Wende hinein. Der Trick dabei: Führen Sie das Anluven als Einleitung der Wende ganz betont, ja sogar übertrieben durch. Neigen Sie den Mast so weit zurück, daß das Gabelbaumende fast das Wasser berührt. Wenn Sie das Segel mit der Segelhand nun noch bis über die Brettmitte hinaus kräftig dichtholen, dann haben Sie schon den nötigen Schwung, um durch den Wind zu kommen.
Das Abfallen sollten Sie genauso übertrieben vornehmen. Ziehen Sie den Mast ruckartig sehr weit nach

tzt befinden Sie sich wieder in der Grundstellung. Und ab hier wissen Sie ja bereits, wie es weitergeht: Sie starten erneut:

sthand an den Mast.

Die Segelhand nimmt das Segel dicht, während der Oberkörper zurückdreht.

vorne, bis Sie Ihre neue Fahrtrichtung erreicht haben. Dann nehmen Sie den Mast in die Normalstellung zurück. Üben Sie diese beschleunigte Wende jedoch erst, wenn Sie alle Bewegungsabläufe einzeln und langsam trainiert haben. Die Wende sollte nach einiger Zeit ganz automatisch ablaufen, ohne daß Sie dabei lange überlegen müssen.

6

TRAININGSPROGRAMM

- *Fahrt auf Amwindkurs.*
- *Aktiv anluven: Rigg nach hinten/Lee.*
- *Hand an den Mast, Fuß vor den Mast, weiter anluven.*
- *Zeigt der Bug in den Wind, Schritt vor den Mast, Hände an den Mast.*
- *Neue Segelhand loslassen, Segel nach vorn neigen, Brett dreht weiter vom Wind weg.*
- *Grundstellung, erneut anfahren.*

6

AUSBLICK: FASZINIEREND SCHNELL: DIE SPRUNGWENDE

Wie schon erwähnt, wird die Wende auch später hauptsächlich auf der Kreuz gefahren, um möglichst wenig Höhe zu verlieren. Je besser Sie die Wende beherrschen, desto schneller können Sie in Zukunft aufkreuzen. Die normale Wende wird in Ihrer perfekten Endform zur Sprungwende (siehe Foto). Dabei setzt man wie gewohnt einen Fuß vor den Mast, trippelt dann aber nicht mehr langsam um den Mastfuß herum, sondern springt beherzt auf die andere Seite, holt sofort wieder dicht und fährt weiter. Ein Manöver, das – gekonnt gefahren – nicht nur äußerst spektakulär aussieht, sondern auch die Möglichkeit bietet, auf kleineren Brettern zu wenden.

7

DIE HALSE: MIT DEM HECK DURCH DEN WIND

Mit ihr beginnt die Faszination der besonders schnell gefahrenen, rasanten Manöver: die Halse. Sie ist eine Richtungsänderung, bei der man aus der Fahrt heraus mit dem Heck durch den Wind dreht. Eine Halse fahren Sie immer dann, wenn Sie auf Halbwind- oder Raumschotkurs zu Ihrem Ausgangspunkt zurücksurfen wollen. Der Vorteil der Halse besteht darin, daß Sie im größten Teil des Manövers vollen Druck im Segel behalten und damit die Balanceschwierigkeiten geringer sind. Allerdings verlieren Sie bei der Halse immer etwas Höhe, weil Sie ja ein Stück weit mit dem Wind fahren.
Bevor wir uns nun die Fotoserie anschauen, noch ein Tip, den übrigens auch die Profis beim Erlernen schwieriger Halsenvariationen anwenden: Zerlegen Sie alle Bewegungs-

Sie fahren auf Halbwindkurs, das Segel ist leicht geöffnet, aber nicht so weit, daß es killt. Blicken Sie zuerst nach Lee, ob Sie freie Bahn haben.

Im Gegensatz zur Wende, bei der Sie vorne um den Mast herum auf die andere Seite gehen, bleiben Sie bei der Halse au derselben Stelle quer über dem Schwertkasten stehen. Jetzt fallen Sie weiter ab.

abläufe der Halse in kleine Teile, die Sie zuerst einmal einzeln an Land trainieren. Die Halse mit Schwert können Sie einteilen in: Abfallen, Fußwechsel, Handwechsel, Segelschiften und neu Starten. Wenn Sie nach dem Segelschiften anluven und auf Raumschotkurs oder sogar Halbwindkurs kommen, dann nimmt das Brett – vor allem bei etwas mehr Wind – sofort Fahrt auf. Sind Sie dann nicht auf den plötzlich einsetzenden Segeldruck gefaßt, werden Sie blitzschnell nach vorne ins Wasser gerissen. Insider sprechen bei dieser Art von unfreiwilligem Abgang von einem „Schleudersturz“.

igen Sie das Rigg jetzt in der Segelebene nach vorne/Luv, dadurch fallen Sie ab; setzen Sie nun zuerst den vorderen Fuß chtung Heck zurück und dann den hinteren Fuß ein Stück nach vorne.

befinden sich nun auf Vorwindkurs und haben das Segel gegen den Wind geneigt, damit das Heck ganz durch den Wind ht. Ihr Körpergewicht lehnt sich etwas in die Kurve.

ie können sich natürlich früh-eitig auf diesen plötzlichen egelzug einstellen, indem ie sich auf dem neuen Bug nit den Füßen kräftig nach orn abstützen und den Ober-örper nach hinten lehnen.

Am Anfang werden Sie vermutlich häufiger wenden als halsen, weil Sie so weniger Höhe verlieren. Dennoch ist es ratsam, beide Manöver mit gleicher Intensität zu üben, da die Wende zwar das sicherere Manöver, die Halse dafür aber der Einstieg in höhere Windstärkenbereiche ist. Versuchen Sie doch einmal, beide Manöver aneinanderzureihen: Das ist der sogenannte ***Manöverkreis,*** übrigens eine typi-

Spätestens jetzt, wenn sich an der Segelhand ein deutlicher Druck aufbaut, greifen Sie mit der Segelhand an den Mast.

Die neue Masthand zieht das Rigg zum Start nach Luv.

sche Praxisaufgabe für den Windsurfing-Grundschein: Fahren Sie ruhig einmal um eine Boje oder eine kleine Insel im Kreis herum. Anfangs werden Ihre Kreise noch recht groß ausfallen, doch mit ein wenig Übung werden die Kreise enger und schneller. Der Manöverkreis ist also ein Anluven bis zur Wende, dann ein Abfallen bis zur Halse auf Vorwindkurs und erneutes Anluven bis zu Ihrem vorherigen Ausgangspunkt. Wenn Sie diesen Kreis sicher beherrschen, sind Sie schon ein fortgeschrittener Surfer. Jetzt können Sie sich langsam an stärkeren Wind heranwagen oder mal eine längere Strecke auf die andere Seite des Sees oder in die nächste Bucht zurücklegen.

s Segel schwingt über den Bug, Sie schiften es zur anderen Seite. Dabei läßt die Masthand den Gabelbaum los – sie tauscht e Funktion und wird genau wie bei der Wende zur neuen Segelhand.

holen dicht und fahren an.

7

TRAININGSPROGRAMM

- *Fahren auf Halbwindkurs.*
- *Aktiv abfallen: Rigg nach vorne/Luv.*
- *Vorderer Fuß zurück, hinterer Fuß vor.*
- *Brett dreht über Vorwindkurs hinaus: Segelhand loslassen.*
- *Rigg schiftet über den Bug: Handwechsel, weiterdrehen.*
- *Auf neuem Halbwindkurs: Rigg nach Luv, anfahren.*

7

AUSBLICK: DIE PERFEKTE POWERHALSE ALS KRÖNUNG DER FUNBOARDTECHNIK

Später – vor allem auf kleinen Funboards – werden Sie fast ausschließlich halsen. Denn die Halse ist nicht nur die schnellste und eleganteste Richtungsänderung, sie macht auch am meisten Spaß. Unsere Halse mit Schwert ist die Vorstufe zum rasantesten, beliebtesten und wichtigsten Manöver der gesamten Funboardtechnik: der Powerhalse. Sie ist – perfekt ausgeführt – ein spektakulärer Schwung, mit dem man durch die Kurve gleitet wie auf einem Motorrad in einer Steilwand. Der Name Powerhalse steht also nicht für Kraft, sondern vielmehr für Geschwindigkeit, mit der man aus voller Fahrt auf den anderen Bug gleitet.

8

KURSEFAHREN: SCHNELL IN JEDER RICHTUNG

Viele Surfer wollen nach dem Grundkurs möglichst schnell an den Starkwind ran – Wasserstart und Powerhalse sind ihr Ziel. Doch vorher sollten Sie unbedingt noch eine Lektion einlegen, die für Ihre Sicherheit auf dem Wasser besonders wichtig ist: das Fahren auf verschiedenen Kursen. Denn erst wenn Sie jeden beliebigen Punkt mühelos auf dem Wasser ansteuern können, werden Sie es auch bei schwierigeren Bedingungen immer wieder zu Ihrem Ausgangspunkt zurückschaffen.

Die verschiedenen Fahrtrichtungen, am Wind, halbwinds, raumschots und vor dem Wind, kennen Sie schon (siehe auch Seite 48). Sehen wir uns nun die Fahrtechnik auf diesen Kursen einmal genauer an:

***Am Wind:** Sie fahren in einem Winkel von etwa 45 Grad zum*

BJOERN SCHRADER

Amwindkurs: Segel dicht, Oberkörper nach vorne lehnen und Druck auf den Mastfuß geben.

Wind hin. Die Querkraft des Windes im Segel ist hier am stärksten, und nur das Schwert ermöglicht den Amwindkurs, weil es die seitliche Abdrift verhindert. Auf Amwindkurs müssen Sie also immer das Schwert voll ausklappen.

Üben Sie einmal ganz bewußt das Höhelaufen, und erfühlen Sie dabei das beste Verhältnis von Geschwindigkeit zu optimaler Höhe. Nehmen Sie das Segel dicht, aber nicht zu dicht. Das Gabelbaumende befindet sich auf der Kreuz schon fast über dem Brett, darf aber auf keinen Fall über die Brettmitte nach Luv gezogen werden, weil das Board sonst stehenbleiben würde. Dabei ist eine lockere und kraftsparende Körperhaltung wichtig. Experimentieren Sie deshalb laufend mit Ihrer Körperhaltung, bis Sie keinerlei Verkrampfung oder Anspannung mehr spüren. Versuchen Sie, mit einer Hand am Gabelbaum zu fahren, um den Segeldruckpunkt herauszufinden. Dazu lassen Sie Ihre Hände am Gabelbaum langsam zusammenwandern, bis sie zusammenstoßen. Hier, genau zwischen Ihren Händen, liegt die Kraftachse des Segels. Dann greifen Sie wieder links und rechts vom Segeldruckpunkt schulterbreit an den Baum.

Nur wenn Sie Ihren eigenen Fahrstil ständig korrigieren, lernen Sie, mit den Kräften, die vom Segel aufs Brett wirken, spielerisch umzugehen – übrigens eine wichtige Voraussetzung fürs Trapezfahren. Versuchen Sie, beide Arme und Beine fast gestreckt zu halten und gleichmäßig zu belasten. Dabei sollten die Füße – wie auf allen anderen Kur-

albwindkurs: Segel gerade so weit auffieren, bis es nicht mehr killt.

sen übrigens auch – so auf dem Brett stehen, daß sie zum Segel zeigen. Lehnen Sie den Oberkörper nach Luv – Schultern raus, Po rein. Versuchen Sie dabei, mit Ihrem Körpergewicht über Arme und Hände Druck über den Gabelbaum auf den Mastfuß auszuüben. Diese Druck-auf-den-Mastfuß-Technik hilft Ihnen später enorm beim Angleiten und beim Höhelaufen bei Starkwind. So können Sie nämlich einen Teil Ihres Körpergewichts über den Mastfuß auf den vorderen Teil des Brettes bringen, während die Füße weiter hinten stehen. Dieser sehr dosierte Gewichtstrimm ist das Geheimnis des Gleitens und der hohen Geschwindigkeit bei Starkwind. Auch wenn Sie eine perfekte Haltung einnehmen, erreicht man auf Amwindkurs nur ein relativ geringes Tempo.

Halber Wind: *Fallen Sie vom Amwindkurs nun ein wenig ab, so daß der Wind genau in einem Winkel von 90 Grad von der Seite kommt. Das Brett fährt parallel zu den Wellen, und die Fahrt wird schon wesentlich schneller. Fieren Sie dabei das Segel etwas auf, um die ganze Windkraft ins Segel zu lassen. Fieren Sie es jedoch nur so weit auf, daß das Segel gerade noch nicht killt. Dabei können Sie Ihren Oberkörper etwas mehr nach hinten lehnen als auf Amwindkurs. Nimmt der Wind zu, sollten Sie das Schwert mit dem vorderen Fuß am Schwertknauf ein wenig vorschieben (einklappen), denn die Abdrift ist bei halbem Wind wesentlich geringer als auf Amwindkurs.*

Raumschotkurs: Segel weit auffieren, hinteres Bein beugen, mit vorderem Fuß abstützen.

Raumschots: *Fallen Sie jetzt aus dem Halbwindkurs noch weiter ab, so daß der Wind schräg von hinten kommt, dann segeln Sie raumschots. Auf diesem Kurs können Sie die höchste Geschwindigkeit erreichen. Der Druck im Segel nimmt deutlich zu. Darauf müssen Sie gefaßt sein. Winkeln Sie deshalb das hintere Bein an, und stützen Sie sich mit dem vorderen Fuß auf dem Brett ab, um so mit dem Körpergewicht den vermehrten Segeldruck auszugleichen. Das Segel wird jetzt relativ weit aufgefiert, das Schwert ist kaum oder gar nicht mehr nötig, da das Brett schon fast in Windrichtung läuft und damit seitlich nicht mehr abdriften kann.*

Vor dem Wind: *Wenn Sie aus dem Raumkurs nun noch weiter auf Vorwindkurs abfallen, dann fahren Sie mit den Wellen in die Richtung, in die der Wind weht. Dabei stehen Sie mitten auf dem Brett, etwa auf Höhe des Schwertkastens, bei mehr Wind weiter hinten. Das Segel haben Sie so weit aufgefiert, daß es genau quer zum Brett vor Ihnen steht, und Sie über den Bug nach vorne durch das Segelfenster blikken.*

Dieser Kurs ist eine recht kipplige Angelegenheit, da Sie nur noch die Breite und nicht mehr die Länge des Brettes zum Ausbalancieren benutzen können. Doch mit Übung und ein wenig Balancegefühl wer-

rwindkurs: **Das Segel steht vor Ihnen genau quer zum Brett, Sie blicken durchs Fenster nach vorne.**

den Sie diese Schwierigkeiten schnell meistern. Bitte lassen Sie den Vorwindkurs, nur weil er der langsamste von allen Kursen ist, nicht einfach aus Ihrem Trainingsprogramm ausfallen. Er hat durchaus seinen Sinn: Mit ihm kommen Sie nach einer Kreuz am schnellsten wieder zurück, und bei jeder Halse müssen Sie ebenfalls ein Stück vor dem Wind fahren.

Die Steuerung auf diesem Kurs ist ganz einfach: Wenn Sie das Rigg zur rechten Seite neigen, dreht das Brett nach links; ein Neigen nach links dreht das Brett nach rechts. Das Schwert brauchen Sie überhaupt nicht mehr, da Sie jetzt genau in Windrichtung segeln und sozusagen in Richtung der Abdrift surfen. Hier wirkt es eigentlich nur noch als Bremse. Sie können es also komplett einklappen, wodurch allerdings die Kippstabilität Ihres Boards abnimmt.

8

TRAININGSPROGRAMM

- *Höhe laufen mit Schwert.*
- *Halbwinds und raumschots fahren mit dosiertem Auffieren und Dichtholen.*
- *Vor dem Wind fahren: Segel steht quer zum Brett.*

mistral

8

AUSBLICK: GESCHWINDIGKEIT AUF DEM WASSER – DAS IRRE GEFÜHL

Bei Starkwind raumschots übers Wasser heizen, schneller und immer noch schneller werden, daß die aufspritzende Gischt für kurze Momente den Blick trübt – das ist Windsurfen pur. Das ist höchster Spaß und berauschend schön. Jeder kann in diesen Genuß kommen. Sie haben mittlerweile schon so viel gelernt, daß Sie demnächst mit dem Trapezfahren beginnen: Sie können sich somit auch einmal in höhere Windstärkenbereiche wagen. Je stärker aber der Wind, desto sicherer sollten Sie die Fahrtechnik auf allen (!) Kursen beherrschen. Und denken Sie daran: Bei einem rasanten Raumschotritt verliert man Höhe. Das ist für Sie jedoch kein Problem mehr, denn Sie haben das Kursefahren und vor allem das Aufkreuzen ja schon vorher ausgiebig trainiert.

9

TRAPEZTECHNIK: LOCKER UND ENTSPANNT AM GABELBAUM

Mit den Manövern und dem Kursefahren haben Sie alle Grundbegriffe der modernen Windsurfingtechnik gelernt. Die Tür zu den berauschenden Starkwinderlebnissen steht Ihnen jetzt offen. Das geht natürlich nicht von heute auf morgen, und das heißt auch nicht, daß Sie von nun an bei ein bis zwei Windstärken nicht mehr aufs Wasser gehen. Im Gegenteil. Sie können bei Leichtwind nicht nur eine Menge Spaß haben, Sie festigen auch Ihre Grundkenntnisse, die Ihnen dann bei den ersten Starkwinderlebnissen zugute kommen. Denken Sie an Robby Naishs Erfolgsrezept: Time on water.
Auch wenn der stärker werdende Segeldruck vom Körper aufgefangen wird, zuerst geht er einmal über die Hände; das bedeutet, daß die Unterarme meist schon nach

WINDWARD

So ermitteln Sie, wo die Trapeztampen angebracht werden:

Die Hände wandern am Gabelbaum zusammen,

Zum Einhängen ziehen Sie das Rigg ruckartig zu sich her...

...so daß der Tampen in den Haken schwingt. Jetzt übergeben Sie die Segelkraft...

kurzer Zeit hart werden und zu schmerzen beginnen. Das verhindert letztlich den totalen Surfgenuß. Was gibt es da Angenehmeres, als sie durch einen kraftsparenden Trapezgurt zu entlasten, in den man sich bequem einhängen kann, um so stundenlang elegant und locker übers Wasser zu gleiten?

Sie werden es selbst erleben: Sobald Sie die Vorteile des Hängegurtes voll auskosten können – und das dauert meist nicht länger als einen Nachmittag –, zeigt sich das Windsurfen für Sie in einer ganz neuen Dimension. Denn der Trapezgurt leitet alle Segelkräfte nicht mehr nur auf

…sie das Rigg ausbalanciert halten können. Markieren …diesen Punkt.

Jetzt werden die Trapeztampen in Schulterbreite gleich weit zum markierten Punkt angebracht.

…on den Händen auf den Trapezgurt. Sitzen die Tampen …tig, können Sie die Gabel sogar loslassen.

Zum Aushängen ziehen Sie den Gabelbaum zu sich her, der Tampen schwingt nach unten aus dem Haken.

…die Arme, sondern direkt auf …den Rücken und das Gesäß – dorthin also, wo Ihr eigener …Körperschwerpunkt liegt. Mit …dieser nützlichen „dritten …Hand“ bringen Sie Ihr Körper…gewicht optimal in eine Balance zu den Segelkräften. Ihre Hände müssen keine Haltearbeit mehr leisten, sondern können sich voll auf die Segelführung konzentrieren.

Welcher Trapeztyp ist für Sie geeignet?

Zunächst sollten Sie sich entscheiden, welchen Trapeztyp Sie sich zulegen wollen. Das Brusttrapez – meist die preiswertere Lösung – gehört langsam zu den Zubehör-Antiquitäten. Denn es leitet die Segelkraft zu sehr auf die obere Rückenpartie, wodurch die Surfer häufig Kreuzschmerzen bekamen. Die Neuentwicklungen (Hüfttrapeze, Sitztrapeze oder Hüft-Sitz-Kombinationen), leiten die Kräfte dagegen viel besser zum Gesäß, also zum Körperschwerpunkt. Ein kombiniertes Hüft-Sitztrapez bietet Ihnen die Möglichkeit, am Anfang mit dem reinen Hüfttrapez zu starten und später dann, wenn Sie länger und bei stärkerem Wind surfen, ans Hüfttrapez ein passendes Sitzteil anzukletten.

So befestigen Sie die Trapeztampen

Falls Sie keine Trapeztampen besitzen, nehmen Sie einfach eine sechs bis acht Millimeter starke Schot (1,50 Meter lang). Wichtig ist, daß die Tampen am Gabelbaum so angebracht werden, daß Sie unter Belastung nicht auf der einen Seite mehr Zug verspüren als auf der anderen. Stellen Sie deshalb Ihr Rigg wieder am Strand auf, holen Sie dicht und lassen Sie dann die Hände Stück für Stück aufeinander zuwandern, bis sie sich in der Mitte treffen. Dabei muß das Rigg stets ausbalanciert bleiben – es darf weder am Mast noch am Gabelbaum ausweichen. Haben Sie den Mittelpunkt und damit die Kraftachse des Segels ermittelt, markieren Sie diesen mit Klebeband. In dieser Achse liegt der Segeldruckpunkt. Das heißt, der Tampen wird auf beiden Seiten des Klebestreifens gleich weit entfernt angebracht. Sitzt der Gabelbaum etwa auf Schulterhöhe, sollte der Tampen ungefähr 30 Zentimeter weit durchhängen.

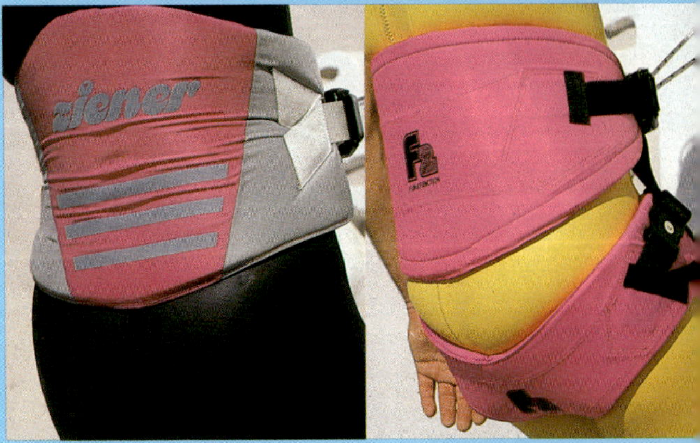

Am Anfang reicht ein Hüfttrapez, bei stärkerem Wind nehmen Sie ein Sitzteil.

Lehnen Sie Ihr Körpergewicht genüßlich nach hinten, der Gurt hält Sie.

In Sitzposition wird der gesamte Zug aufs Becken geleitet.

Üben Sie Ein- und Aushängen an Land
Gerade die Trapeztechnik kann man hervorragend und äußerst erfolgreich an Land trainieren: Ziehen Sie den Gurt an, holen Sie das Rigg auf und nehmen Sie dicht. Ihre Hände greifen knapp außerhalb der Koten oder Tampenbefestigungen.
Zum **Einhängen** bewegen Sie den Gabelbaum mit einem leichten Ruck zu Ihrem Körper hin (nicht umgekehrt, den Körper zum Gabelbaum), so daß der Tampen von unten nach oben geschleudert wird.
Hängt der Tampen im Haken, lehnen Sie sich zurück, bis Sie etwas Segeldruck im Gurt spüren. Übergeben Sie nun langsam immer mehr Windkraft von den Händen über den Trapezgurt auf Ihren Körper. Versuchen Sie schließlich, das Rigg ganz über dem Körper zu halten und die Hände dabei immer mehr zu lockern. Keine Angst, Sie fallen nicht hintenüber, die Windkraft hält Sie ja.
Nimmt der Winddruck in einer Bö zu, lehnen Sie sich etwas nach hinten und beugen dabei ein wenig die Knie, um Ihren Schwerpunkt weiter nach unten zu bringen. Läßt die Bö wieder nach, beugen Sie sich mit dem Oberkörper leicht nach vorne und holen kurz dicht, um nicht nach hintenüberzufallen.
Wollen Sie sich wieder **aushängen,** ziehen Sie den Gabelbaum kurz ruckartig zu sich her, die Spannung im Trapeztampen läßt nach, und er fällt nach unten aus dem Haken heraus. Hängen Sie sich nun ein paarmal ein und aus, damit dieser Bewegungsvorgang später auf dem Wasser ganz mechanisch abläuft.
Neigen Sie im eingehängten Zustand das Rigg ein paarmal wie beim Steuern nach vorne und nach hinten. Sie werden merken, wie leicht der Tampen im Haken nach vorn und hinten rutscht.

Fahrtechnik auf dem Wasser
Bevor Sie nun aufs Wasser stürmen, werden Sie sich über zwei neue Situationen klar, die Ihnen draußen anfangs passieren können: Läßt der Winddruck plötzlich nach, fallen Sie eingehängt rücklings nach Luv ins Wasser, das Segel breitet sich über Ihnen aus wie ein Fallschirm. Doch keine Panik. Bewahren Sie Ruhe, denn es kann Ihnen überhaupt nichts geschehen: Mit einem schnellen Griff streifen Sie den Trapeztampen von oben nach unten aus dem Haken – meist jedoch löst er sich schon von allein, da heute alle Trapezhaken konisch geformt sind. Dann tauchen Sie einfach am Segel vorbei an die Wasseroberfläche.
Bei der zweiten Situation, mit der Sie höchstwahrscheinlich konfrontiert werden, behalten Sie anstatt des Segels das Oberwasser: Eine Bö fällt ein, und Sie werden vom Segel nach Lee gezogen. Normalerweise würden Sie nun den Gabelbaum einfach loslassen, doch das geht nicht mehr. Sie sind eingehängt und plumpsen etwas hilflos auf das Segel drauf. Stützen Sie sich dabei am Gabelbaum ab. Beinahe trockenen Fußes können Sie anschließend wieder aufs Board klettern.
Das Patentrezept gegen diese beiden Stürze lautet: rechtzeitig reagieren. Entweder lehnen Sie sich nach Luv, oder Sie fieren vorher schnell auf. Sobald Sie beide Situationen einmal bewußt erlebt haben, werden Sie mit Sicherheit das richtige Gefühl für die Trapeztechnik bekommen.
Versuchen Sie nun, auf allen Kursen eingehängt bei zwei bis drei Windstärken zu fahren. Haben Sie sich an den Gurt gewöhnt, können Sie sich langsam auch an stärkeren Wind heranwagen. Das geschieht jedoch im Normalfall ganz automatisch, da der Gurt Ihnen sehr viel an Armarbeit abnimmt und es jetzt nur noch auf Ihre Geschicklichkeit ankommt, den Segeldruck durch dosiertes Zurücklehnen und Vorbeugen des Oberkörpers auszugleichen.
Haben Sie dann die ersten Trapezfahrten hinter sich, werden Sie plötzlich ein ganz neues Gefühl erleben: Sie müssen jetzt nicht mehr dauernd wenden, weil Ihre Arme schmerzen, sondern Sie lehnen sich genüßlich nach hinten wie in einen Schaukelstuhl und genießen die vorbeispritzende Gischt, die Leichtigkeit, mit der Sie übers Wasser schweben, die Natur – einfach alles, was Windsurfen so attraktiv macht.

9

TRAININGSPROGRAMM
- Trapeztampen anbringen.
- Ein- und Aushängen an Land.
- Anluven und Abfallen im Trapez an Land.
- Trapeztechnik auf allen Kursen.

9

AUSBLICK: STUNDENLANGER SPASS AM SPEED

Wie wäre die moderne Starkwindtechnik auf ein so hohes Niveau gekommen, hätten die hawaiianischen Beachboys nicht das Trapez erfunden? Kein Mensch surft heute – wenn er diesen Sport auch nur einigermaßen aktiv betreibt – ohne Trapez. Denn bequem eingehängt, kann man nicht nur stundenlang den Spaß am Speed genießen , es eröffnen sich einem auch ungeahnte Möglichkeiten im Bereich des Tourensurfens: Entdeckungsfahrten zum Beispiel auf eine nahegelegene Insel oder einfach nur ein kleiner Ausflug zum Kaffeetrinken auf die andere Seite des Sees – ohne den entspannenden Hängegurt wären diese kleinen Abenteuerreisen unmöglich. Bevor Sie sich jedoch auf derartige Erkundigungsfahrten begeben, sollten Sie auf allen Kursen bei mindestens vier Windstärken perfekt Trapezfahren, wenden und halsen können.

10

DER BEACHSTART: EINSTIEG INS STARKWIND-SURFEN

Sie werden sich fragen, warum Sie jetzt schon den Start vom Strand aus (Beachstart) lernen, der doch recht elegant, anspruchsvoll und nach hohem Können aussieht. Ganz einfach: Material und Fahrtechnik haben sich bis heute so weit entwickelt, daß man den Start ohne Schot schon innerhalb eines Nachmittags lernen kann. Einzige Voraussetzung: Sie sollten bei drei bis vier Windstärken auf allen Kursen mit der richtigen Segelstellung sicher fahren können.
Wenn es dann wirklich mit vier Beaufort bläst, dann erleben Sie sicher bald das mühselige Spiel vom Segelaufholen: Board und Rigg werden im bewegten Wasser mit viel Fingerspitzengefühl zusammengesteckt, wobei sich Segel

mistral LCS

und Masttasche mit Wasser füllen. Man steigt auf und muß das schwere Rigg mühevoll – vielleicht auch noch von Luv gegen den Wind – aus dem Wasser zerren. Kaum hat man es oben, wird man von einer an den Strand rollenden Welle wieder abgeworfen.
Doch das wird sich jetzt ändern. Denn mit dem Beachstart kommt man nicht nur eleganter, sondern vor allem schneller, sicherer und kraftsparender aufs Brett. Ihre Startschot dürfen Sie jedoch jetzt nicht gleich zu Hause lassen – Sie brauchen sie ja noch auf dem Wasser.
Suchen Sie sich für den ersten Start einen relativ flach ins Wasser abfallenden Strand. In einem Stehrevier kommen die Erfolgserlebnisse noch schneller, da man nach einem Abstieg nicht schwimmen muß, sondern gleich im Stand Brett und Rigg neu ausrichten kann. Das spart Zeit und Kraft.
Der Wind sollte möglichst parallel zum Ufer mit mindestens ein bis zwei Beaufort wehen, da sonst die Kraft nicht ausreicht, um Sie aufs Board zu ziehen.
Bauen Sie Brett und Rigg schon am Strand zusammen, und legen Sie alles unmittelbar ans Wasser. Das Board zeigt mit dem Bug zum Wasser, das Schwert bleibt während des gesamten Startvorgangs voll eingeklappt. Der Mast zeigt über das Heck des Boards nach hinten, der Gabelbaum liegt in Lee, das Gabelbaumvorderteil auf dem Brett nahe dem Heck. Das ist die richtige Ausgangsstellung. Sehen Sie sich nun den Startvorgang auf nebenstehender Fotoserie an.
Bis dahin war alles ganz einfach. Jetzt kommt die zweite,

Sie greifen das Rigg am Mast knapp oberhalb des Gabelbaums, heben es an und ziehen es leicht über den Kopf nach Luv, so daß der Wind unters Segel greift. Das Rigg entwickelt sofort eine Kraft nach oben, so daß Sie mühelos aufrecht unters Segel gehen können, das von der künftigen Masthand gehalten wird. Sie selbst stehen neben dem Heck auf der Luvseite Ihres Boards. Mit der anderen Hand heben Sie das Brett an der hinteren Fußschlaufe hoch.

Das Wasser sollte knietief sein, damit die Finne beim Aufsteigen den Boden nicht berühren kann. Setzen Sie das Board neben sich im Wasser ab, und halten Sie nur noch das Rigg mit der Masthand am Mast.

d keine Schlaufen vorhanden, greifen Sie an die Leekante. Wenn Sie an die kante greifen, klappt das Brett mit einer viertel Drehung an den Mast, wobei Luvkante nach oben zeigt. Auf diese Art rutscht das Brett leichter auf dem Sand. hieben Sie nun Ihr Gerät vorsichtig ins Wasser.

zt ziehen Sie das Segel über den Kopf so weit nach Luv, daß Sie keinen Druck r spüren und mit der künftigen Segelhand bequem zum Gabelbaum greifen nen. Nun wechselt auch die Masthand zum Gabelbaum; mit der Segelhand men Sie ganz leicht dicht; dabei stehen Sie aufrecht mit gestreckten Armen.

etwas schwierigere Phase beim Beachstart, doch mit einem guten Lehrer und den folgenden Tips werden Sie das „Ausrichten des Boards in die richtige Startposition" schnell erlernen. Sie werden merken, daß das Brett sich auf einmal ungewollt selbständig macht: Es luvt an und schießt in den Wind, oder es fällt einfach ab, und das Segel zieht dabei so sehr, daß man hilflos hinter dem Brett herstolpert. Um das zu vermeiden, wird das Brett im Stehen gesteuert, genau wie bei unseren Drehübungen über die Verlagerung des Segeldruckpunktes. Auch dabei hilft Ihnen wieder der Wind. Deshalb sollten Sie mit der hinteren Hand am Gabelbaum das Segel leicht und dosiert dichtnehmen – aber nicht zu dicht, da sonst zuviel Druck ins Segel kommt und Sie nach Lee zieht.
Was tun, wenn das Brett ungewollt anluvt oder abfällt? Grundsätzlich gilt: Die Segelhand gleicht nur den Winddruck im Segel aus, das heißt, sie holt dicht oder fiert auf – so dosiert, daß Sie bequem ohne Anstrengung stehen können.

Soll das Brett in den Wind drehen, neigen Sie das Rigg nach hinten/Lee.

Sie haben nun Ihr Brett so ausgerichtet, daß es genau halbwinds in der richtige Position zum Aufsteigen liegt. Sie selbst stehen noch seitlich neben dem Brett un halten das Rigg wie bei normaler Gerade ausfahrt mit gestreckten Armen. Damit nun die Windkraft Ihr Körpergewicht möglichst leicht aufs Board ziehen kann sollte der Hebel der Windkraft möglichs groß sein. Das heißt: Ihr eigener Schwer punkt muß so nahe wie möglich am Bre liegen, und das Rigg sollte so aufrecht wie möglich gehalten werden.

Soll das Brett vom Wind wegdrehen, kippen Sie das Rigg nach vorne und Luv. Achtung: Auffieren nicht vergessen.

Die Masthand dagegen steuert das Brett: Will das Board in den Wind drehen, dann neigen Sie wie während der Fahrt beim Abfallen das Rigg einfach leicht nach vorne/Luv. Dadurch kommt mehr Kraft auf den Mastfuß, der Bug wird aus dem Wind gedrückt. Achtung: Wenn das Board abfällt, müssen Sie mit der Segelhand leicht auffieren. Analog ist es umgekehrt: Ist das Brett zu stark abgefallen, neigen Sie das Rigg nach hinten/Lee – der Segeldruck wirkt mehr auf das Heck –, und das Brett luvt wieder an.
Sollte sich bei diesem Ausrichten des Boards das Heck immer weiter von Ihren Beinen entfernen, so gehen Sie einfach ein oder mehrere kleine Schritte zum Brett, bis Sie wieder ganz nahe am Heck stehen. So können Sie das Board in jede beliebige Richtung dirigieren. Üben Sie dieses Ausrichten von Brett und Rigg im Stehen ausgiebig bei leichtem Wind, damit Sie später bei schwierigeren Bedingungen schon ein sicheres Gefühl für die richtige Startposition bekommen. Haben Sie diese erreicht, geht's ans Aufsteigen. Sehen Sie sich dazu bitte wieder die obenstehende Fotoserie an.

etzen Sie nun den hinteren Fuß etwa 80 entimeter vor dem Heck aufs Board, und ehen Sie das Brett mit diesem angewin-elten Bein bis unter Ihren Po. So liegt Ihr örperschwerpunkt direkt über dem oard. Halten Sie das Rigg – immer noch it gestreckten Armen und vorgebeugten chultern – möglichst aufrecht. Das ist anz wichtig, damit das Segel genügend raft für den Lift aufs Board liefert. Halten ie bei wenig Wind den Gabelbaum eiter hinten, damit das Rigg noch ufrechter steht. Auch in dieser Stellung önnen Sie das Brett noch durch Vor- und urückneigen dirigieren.

Jetzt kommt der Lift aufs Brett: Mit gestreckten Armen, krummen Schultern und nach vorne gebeugtem Oberkörper bringen Sie Ihr gesamtes Körpergewicht über das Board. Nun geht alles wie beim Treppensteigen: Sie drücken sich einfach mit dem vorderen Fuß am Boden ab. Das Segel hilft Ihnen dabei, denn jetzt steht es schon so aufrecht, daß Sie sich zusätzlich mit einem Klimmzug wie an einer Kletterstange hochziehen können.

Sobald der vordere Fuß auf dem Brett steht, müssen Sie unbedingt das Rigg aktiv nach vorne in die normale Startposition neigen, weil das Brett sonst sehr schnell anluven würde. Sie haben es geschafft, und nach ein paar Übungsstunden geht alles spielerisch leicht und schnell.

10

TRAININGSPROGRAMM

- *Brett und Rigg an Land in die richtige Position bringen.*
- *Ausrüstung ins Wasser schieben.*
- *Ausrichten von Brett und Rigg: Luvt das Board an: Rigg nach vorn. Fällt es ab: Rigg nach hinten.*
- *Richtige Körperhaltung vor dem Lift:*
  – hinteres Bein aufs Brett,
  – Brett unter den Po zu sich heranziehen,
  – Körperschwerpunkt über das Brett lehnen, Arme lang.
- *Lift aufs Board: Mit dem vorderen Fuß wie beim Treppensteigen abstoßen und sich dabei am Gabelbaum hochziehen.*

10

AUSBLICK: DER BEACHSTART, DIE VORSTUFE ZUM WASSERSTART

Mit dem Beachstart haben Sie den Einstieg ins Starkwindsurfen geschafft. Natürlich gibt es auch beim Beachstart noch eine Menge zu lernen – zum Beispiel wie man das Segel ohne Anstrengung, nur mit Hilfe der Windkraft in die richtige Startposition bekommt, wenn es mal auf der falschen Seite liegt. Dann geht es schließlich über ständig zunehmende Wassertiefe zum Wasserstart. Der Wasserstart ist eine Art „Sesam öffne dich" in die Faszination Starkwindsurfen. Mit ihm fällt nicht nur das mühevolle Segelaufholen bei stärkerem Wind weg, sondern man traut sich auch wesentlich engagierter an schwierige Manöver heran. Die Scheu vor riskanten Halsen verfliegt: Mit dem eleganten und kraftsparenden Wasserstart machen Sie alle Stürze wieder wett.

DIE GEEIGNETE GRUND-AUSRÜSTUNG

Was braucht man eigentlich alles zum Windsurfen? Und vor allem: Wie weiß ich, was aus der ungeheuren Brettvielfalt und dem angebotenen Segel-Wirrwarr für mich und meine Ansprüche am besten geeignet ist? Folgende Kriterien sollen Ihnen bei der Wahl Ihrer Ausrüstung helfen:

DAS BOARD:

Für den Anfang sollte Ihr Brett unbedingt genügend Volumen besitzen. Denn das Volumen entscheidet über die Tragfähigkeit eines Boards und zusammen mit anderen Faktoren auch über die Kipp-

ail 6,0
ASTERCLASS

stabilität. Generell gilt: Je mehr Volumen, desto leichter ist ein Brett für Einsteiger zu fahren. Dennoch sollte das Volumen Ihrem Körpergewicht angepaßt sein. Entscheidend ist dabei das sogenannte Überschußvolumen. Das heißt zum Beispiel für einen 75 Kilo schweren Fahrer:

Brettvolumen		185 Liter
Brettgewicht	–	15 Kilo
Riggewicht	–	9 Kilo
Körpergewicht (75 kg + 3 kg Ausrüstung)	–	78 Kilo
Überschußvolumen	=	83 Liter

Dieses Überschußvolumen sollte für den Anfang mindestens 100 Liter, besser noch 125 Liter betragen. Die Volumenangaben können Sie entweder bei Ihrem Surfhändler erfragen, in den Prospekten der Hersteller oder in den Testberichten des surf Magazins nachlesen. Die Brettlänge sollte am Anfang mindestens 3,50 Meter betragen.
Haben Sie das Gefühl, in diesem Sport schnell Fortschritte zu machen, künftig häufiger und bei immer stärkerem Wind zu surfen, können Sie sich innerhalb dieser Maßgaben ein etwas kleineres, leichteres und damit weniger voluminöses Board leisten. In jedem Fall sollten Sie darauf achten, daß Ihr Brett ein voll versenkbares Schwert und Fußschlaufen besitzt oder später einmal mit Fußschlaufen nachgerüstet werden kann.

DAS RIGG:

Segel, Mast und Gabelbaum (= Rigg) werden meist komplett zu den Boards angeboten.
Das Segel sollte am Anfang zwischen vier und fünf Quadratmetern groß sein. Für Damen und Jugendliche empfiehlt sich eine Größe von 3,5 bis 4,5 Quadratmeter, und Kinder kommen am Anfang am besten mit Segeln unter drei Quadratmetern zurecht. Serienmäßig sind die meisten Bretter mit sogenannten Allroundsegeln um sechs Quadratmeter ausgestattet. Lassen Sie sich für den Anfang aber lieber ein kleines Segel zwischen vier und fünf Quadratmetern dazugeben. Erst mit steigendem Fahrkönnen sollten Sie sich ein größeres Segel anschaffen. Dann können Sie zumindest übergangsweise Ihr kleineres Einsteigersegel für höhere Windstärken einsetzen.
Ihr erstes Segel sollte drei oder höchstens vier durchgehende Segellatten besitzen. Sogenannte Profilsegel mit bis zu sechs durchgehenden Latten werden erst ab einer höheren Könnensstufe interessant. Diese Segel lassen sich schwerer aus dem Wasser ziehen, und außerdem können sie nicht frei im Wind flattern, was aber anfänglich gerade beim Kursefahren enorm hilft, um die richtige Segelstellung zu finden.
Der Gabelbaum muß exakt zum Segel passen, das heißt, das aufgespannte Segel soll genau mit dem Gabelbaumende abschließen, und das Segel selbst darf seitlich nicht am Gabelbaum anliegen. Wählen Sie eine Gabelbaumlänge zwischen 1,60 Meter und 2 Meter. Besitzen Sie mehrere unterschiedlich große Segel, empfiehlt sich ein sogenannter Vario-Gabelbaum, bei dem man die Länge verstellen kann.
Der Mast sollte so lang sein wie die Segelmasttasche. Dazu kommt der Mastfuß. Achten Sie darauf, daß der Abstand zwischen dem Unterliek (unterer Segelrand) und dem Deck des Boards nicht mehr als 15 Zentimeter beträgt. Größere Abstände vermindern die Leistung des Segels.

NEOPRENANZUG:

Tragen Sie beim Windsurfen grundsätzlich einen Neoprenanzug. Er schützt vor Unterkühlung und Verletzungen. Vor allem die schleichende Auskühlung durch das Spritzwasser, das im Wind auf der Haut verdunstet, ist oft die Ursache von nachlassender Kraft und anschließenden Rettungsaktionen.

Damit bei einem Abstieg möglichst wenig Wasser in den Anzug gerät, sollte er möglichst eng anliegen, ohne jedoch die Bewegungsfreiheit einzuschränken. Eine gute Paßform ist also erste Bedingung für jeden Anzugtyp. Natürlich kann man sich nicht für warme Tage einen Shorty, für mittelwarme einen Overall und für kalte Tage einen Trockenanzug leisten. Wir empfehlen Ihnen daher in jedem Fall einen Overall mit langen Armen – lieber bei höheren Temperaturen etwas schwitzen, als an kühleren Tagen frieren oder sogar auf den Surfgenuß verzichten müssen.

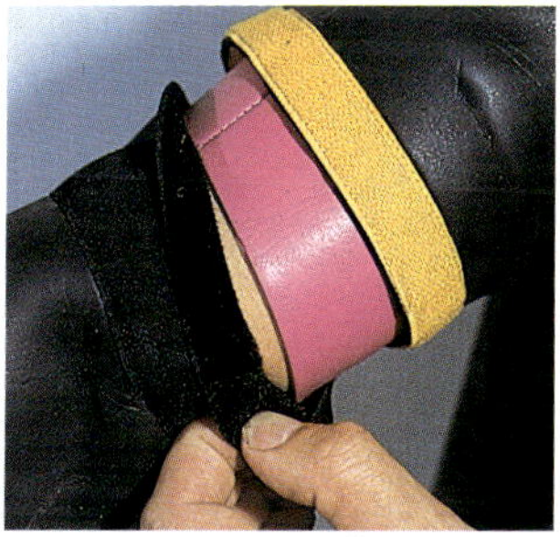

Praktisch: abklettbare Ärmel.

Bei zuviel Wärme kann man sich im Wasser abkühlen, gegen Kälte läßt sich jedoch nichts machen. Es gibt auch Overalls, bei denen man mit einem Klettverschluß die langen Arme abtrennen kann – ein Kurzarm-Overall für wärmere Tage entsteht.

Was das Material betrifft, unterscheidet man zwischen außen kaschiertem und glattem Neopren. Beide Materialien haben Vor-, aber auch Nachteile: Außen kaschiertes, das heißt mit einer Stoffschicht überzogenes Neopren ist reißfester und robuster als Glatthaut-Neopren. Dafür sind diese Anzüge kälter als Glatthaut-Neopren, weil die Stoffschicht das Wasser länger hält und damit mehr Verdunstungskälte entsteht.

Neben dem Anzug empfehlen wir Ihnen Surfschuhe, die vor Verletzungen durch Steine, Felsen oder ähnliches schützen und zudem warm halten.

Alles in allem erfordert die erste Ausrüstung natürlich erst einmal einen ziemlich hohen finanziellen Aufwand. Wenn man jedoch bedenkt, daß anschließend keine Folgekosten mehr entstehen, wie beispielsweise die Liftkarten beim Skifahren oder die Platzmiete für ein Segelboot, dann ist diese einmalige Investition doch relativ gering. Zudem findet man im Surf-Fachhandel oft Pauschal-Angebote: Bis etwa 1500 Mark bekommen Sie heute schon eine komplette Ausrüstung inklusive Neoprenanzug und Dachträger.

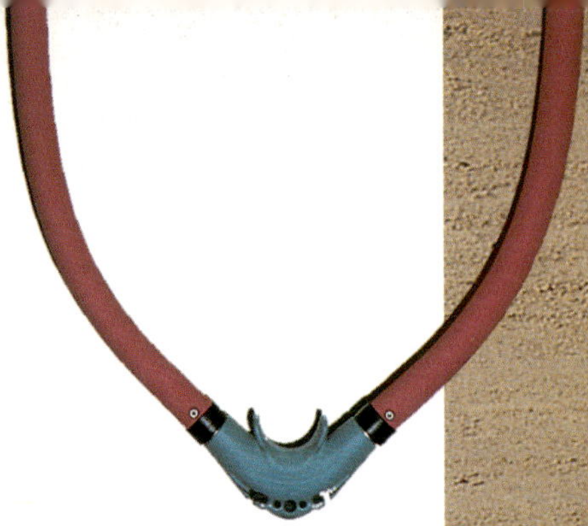

RICHTIG AUFGERIGGT IST HALB GEWONNEN

Richtig aufriggen ist eigentlich gar nicht schwer, wenn man nicht einfach drauflos baut, sondern ein paar Regeln beachtet. Bei neuen Boards werden meistens auch Aufbauanleitungen mitgeliefert, die Sie in jedem Fall lesen sollten. Generell gibt es jedoch eine ganz bestimmte Reihenfolge, in der alle Riggs zusammengebaut werden. Geben Sie sich Mühe beim Aufriggen, denn schon kleine Nachlässigkeiten werden auf dem Wasser den Spaß vermindern: Schlecht getrimmte Segel liefern geringeren Vortrieb, schlampig geführte Tampen erschweren das Aufriggen, lösen sich bei Belastung eventuell von selbst oder lassen sich im Notfall nicht schnell genug wieder loszurren. Um also solchen Ärgernissen auf dem Wasser vorzubeugen, finden Sie hier jede Menge Tricks, die Ihnen den Aufbau des Riggs erleichtern.

Doch bevor es richtig losgeht, kommen wir um ein paar Seemannsknoten nicht herum. Keine Angst, es sind nur zwei der Achtknoten und der Palstek. Mit allen übrigen Seemannsknoten wollen wir uns hier nicht belasten. Übrigens können Sie diese Knoten in allen anderen Lebensbereichen auch anwenden, denn sie haben – im Gegensatz zu den „Hausfrauenknoten" – drei sehr wertvolle Vorteile: Sie sind einfach und schnell zu handhaben, sie halten unter Belastung garantiert, und sie lassen sich leicht und schnell – vor allem auch im nassen Zustand – wieder lösen.

Der Palstek: Mit ihm erhalten Sie eine Schlinge, die sich auch bei höchster Belastung nicht zuzieht und die Sie danach ohne Mühe wieder lösen können.

Der Achtknoten verhindert, daß das freie Ende eines Tampens aus einer Öse oder einer Klemme rutscht.

Moderne Segel sind vom Topp her zusammengerollt. Die Segellatten stecken entweder schon im Segel oder sie liegen lose dabei. Rollen Sie das Segel mit dem Rücken zum Wind auf einer glatten Ebene aus. Falls die Latten schon im Segel stecken, ziehen Sie diese etwa zur Hälfte aus den Taschen, damit Sie den Mast leichter einschieben können.

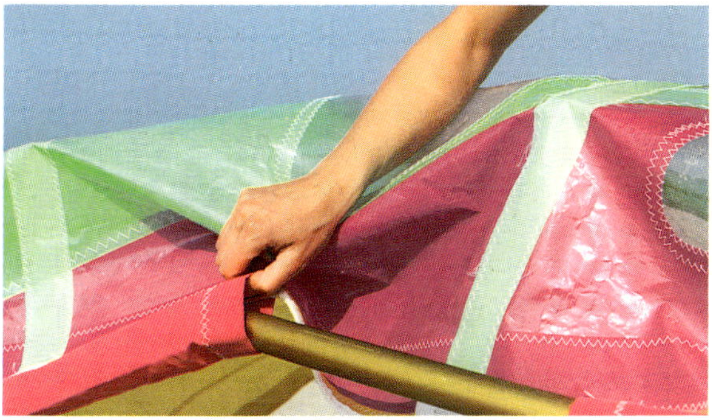

Jetzt wird der Mast in die Masttasche geschoben, bis er am Topp (oberes Ende) angekommen ist. Die meisten Segel besitzen hier eine sehr stabile Verstärkung aus Gurtband. Der Mast muß exakt in dieser Kappe sitzen, um perfekten Stand und gute Funktion des Segels zu ermöglichen.

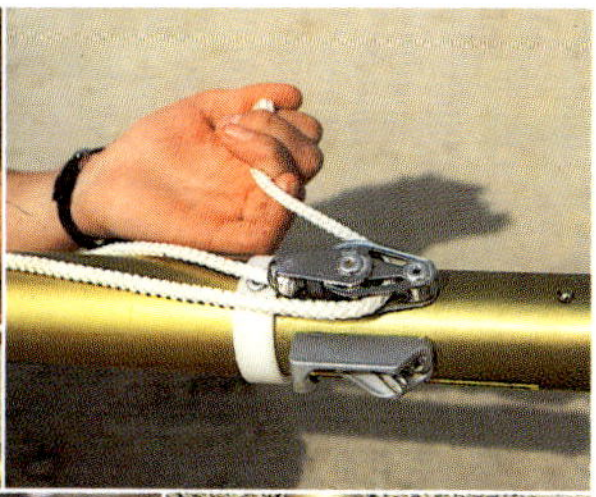

Stecken Sie jetzt den Mastfuß in den Mast. Bei Segeln mit sehr langem Vorliek ist manchmal auch eine Verlängerung nötig. Verbinden Sie nun Segel und Mastfuß mit dem Vorliekstrecker. Mastfüße mit Rollen erleichtern das Trimmen (Spannen des Segels) enorm. Manche Segel haben statt einfacher Ösen bereits Kunststoff-Beschläge mit zwei Rollen, die zusammen mit dem Beschlag am Mastfuß einen Flaschenzug ergeben. Die Tampen dürfen nicht über Kreuz laufen oder sich selbst bekneifen. Bei Segeln mit Ösen führen Sie den Tampen entweder zweimal in der gleichen Richtung durch, oder Sie verwenden einen Haken mit Rollen (Pulley-Hook).

Der Tampen des Vorliekstreckers wird jetzt ohne großen Kraftaufwand so festgezogen, daß eine leichte Spannung auf der Masttasche liegt. Wenn Sie jetzt schon zu stramm anziehen, können Sie die Nähte und damit das Segel beschädigen.

Jetzt wird der Gabelbaum angeschlagen: Um auf Anhieb die richtige Gabelbaumhöhe zu erhalten, stellen Sie den Gabelbaum senkrecht auf das Frontstück in den Sand und markieren ihn etwa in der Höhe Ihrer Schultern. Legen Sie den Gabelbaum jetzt so auf den Mast, daß diese Markierung mit dem Mastfuß abschließt. So wissen Sie, auf welcher Höhe Sie den Gabelbaum in der Aussparung der Masttasche anschlagen werden.

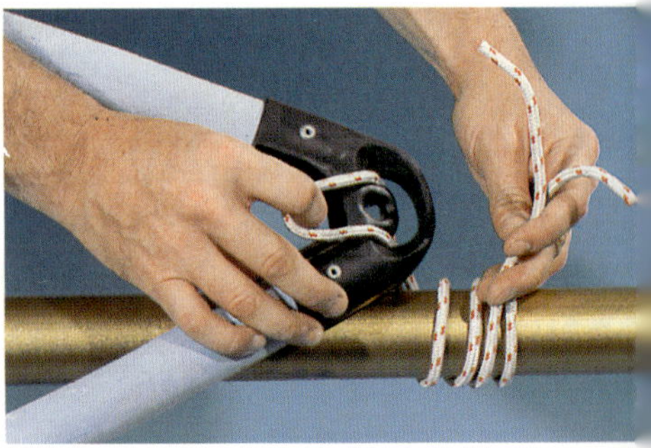

Die Befestigung selbst hängt von der Konstruktion des vorderen Gabelbaumbeschlags ab. Bei den meisten Ausführungen wird der Gabelbaum flach auf den Mast gelegt – das Gabelbaumende liegt unter dem Mast in Richtung Topp. Der Masttampen wird nun durch das entsprechende Loch oder die Öse am Kopfbeschlag gezogen, zwei- oder dreimal um den Mast gewickelt und schließlich hinter einer weiteren Öse mit einem Knoten oder einer Schlinge gesichert. Wenn Sie nun die Gabel herunterklappen, spannt sich der Tampen.

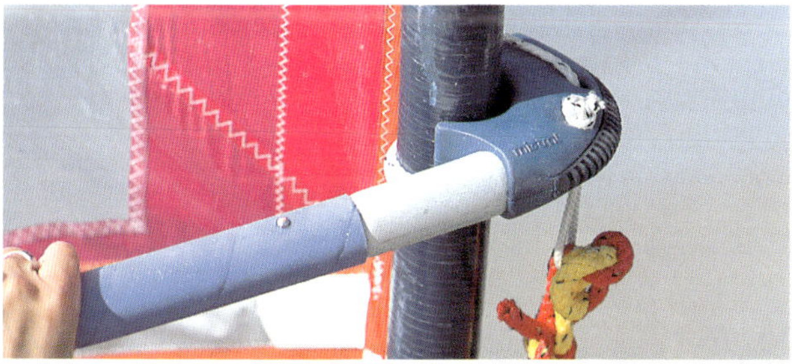

Der Gabelbaum liegt jetzt fest und ohne Spiel am Mast an. Gehen Sie niemals mit einer lockeren Mast-Gabelbaumverbindung aufs Wasser: Das Segel läßt sich dann nicht exakt führen.

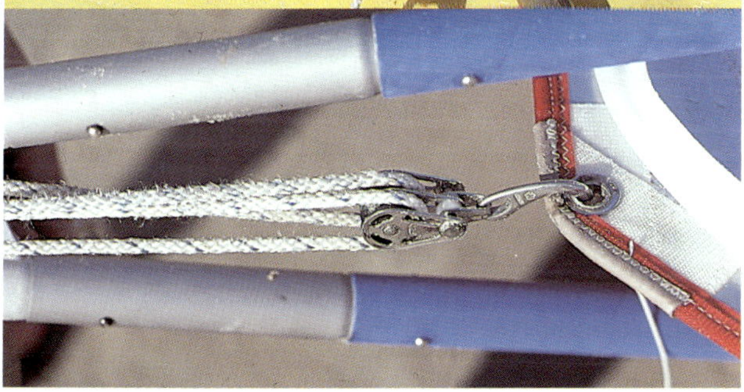

Nun wird das Segel am Gabelbaumende gespannt: Benutzen Sie auch hier wieder Trimmhilfen (Rollen, Blöcke) und achten Sie auf eine gerade Tampenführung. Verdrehte Tampen erschweren das Durchsetzen (Spannen) des Segels. Mit einer Hand ziehen Sie nun an der Trimmschlaufe des Segels, mit der anderen ziehen Sie in entgegengesetzter Richtung am Tampen. Stützen Sie dabei die Gabel am Bauch ab. Jetzt wird das Segel so weit durchgesetzt, bis es flach aufgespannt ist und keine große Falte mehr hinter dem Mast liegt. Nur so lassen sich die Latten richtig und einfach in die Taschen schieben.

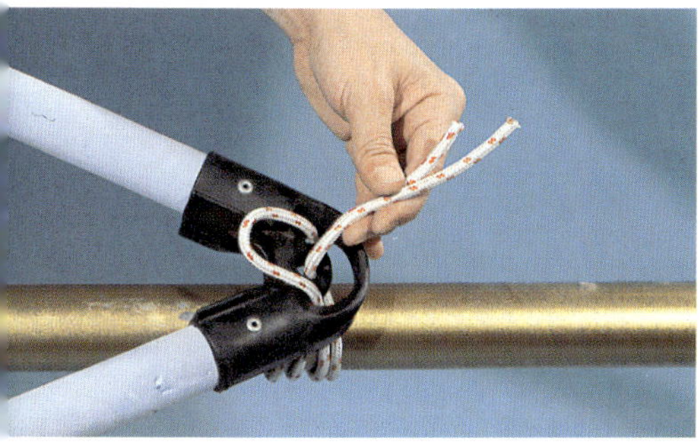

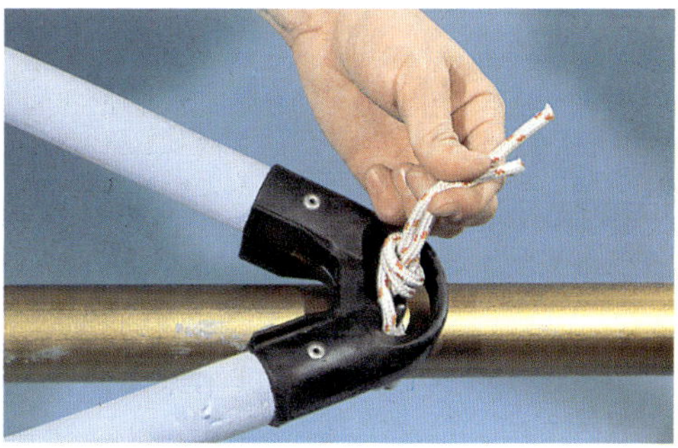

Schieben Sie nun die Segellatten, die Sie vorher mit einem wasserfesten Filzstift einmal durchnumerieren (das erspart beim nächsten Aufbau Zeit), mit dem dünnen Ende zuerst vorsichtig in die Tasche. Achten Sie darauf, daß sie gut in den dafür vorgesehenen Aufnahmen an der Masttasche sitzen.

Stülpen Sie das Gurtband des Lattenspanners über das Ende der Latte. Viele Hersteller verwenden statt Gurtband auch Klettverschlüsse; sie funktionieren genauso gut und sind sogar noch etwas bequemer zu bedienen. Jetzt wird die Latte gespannt. Dabei zieht eine Hand am Gurtband, die andere schiebt die Latte mit dem Daumen in die Tasche. Ziehen Sie kräftig an, so daß alle Segellatten stramm sitzen.

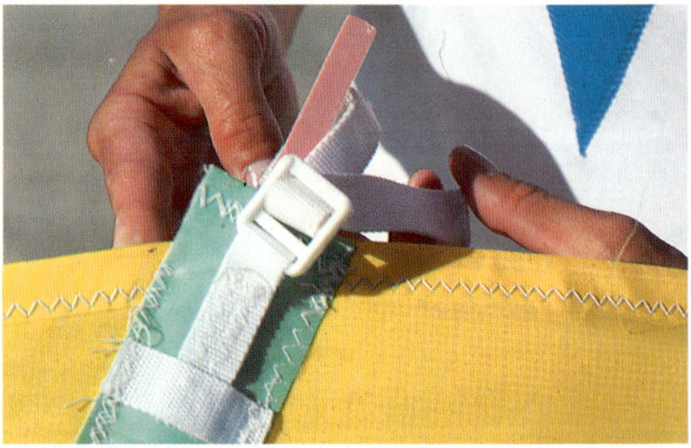

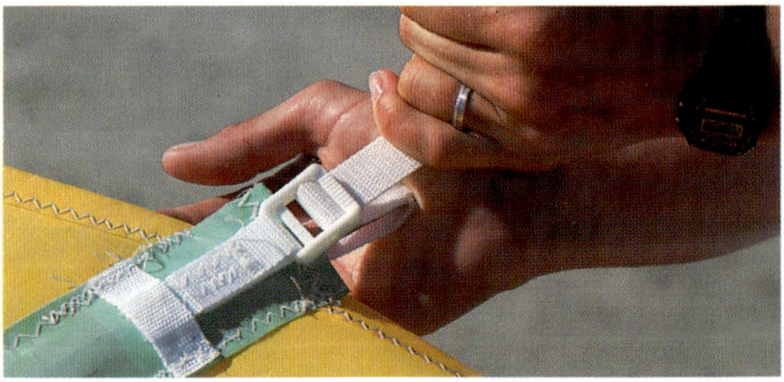

Der Vorliekstrecker, der bis jetzt nur handfest angezogen wurde, wird jetzt richtig gespannt. Setzen Sie sich dazu auf den Boden, und stützen Sie sich mit einem Bein am Mastfuß ab. Damit der Tampen nicht in die Hände einschneidet, können Sie ihn auch um ein Stück Holz oder ähnliches wickeln. Ziehen Sie so weit, daß alle Querfalten hinter dem Mast gerade eben verschwinden. Der Tampen wird in der Klemme belegt, das freie Ende ein- oder zweimal um den Mastfuß geführt und mit einem halben Schlag gesichert.

Wichtig: Vergessen Sie die Startschot nicht. Sie wird am Gabelbaum-Frontstück durch eine dafür vorgesehene Öse gesteckt und mit einem Knoten gesichert. Eine etwa 30 Zentimeter lange Gummileine versehen Sie mit einem Plastikhaken, der am Vorliekstrecker oder an einer dafür vorgesehenen Schlaufe am Mastfuß so befestigt wird, daß die Leine leicht gespannt ist. So liegt die Startschot am Mast an und schlenkert nicht herum. Das letzte Stück Schot hängt frei nach unten und dient beim Segelaufholen als Griff.

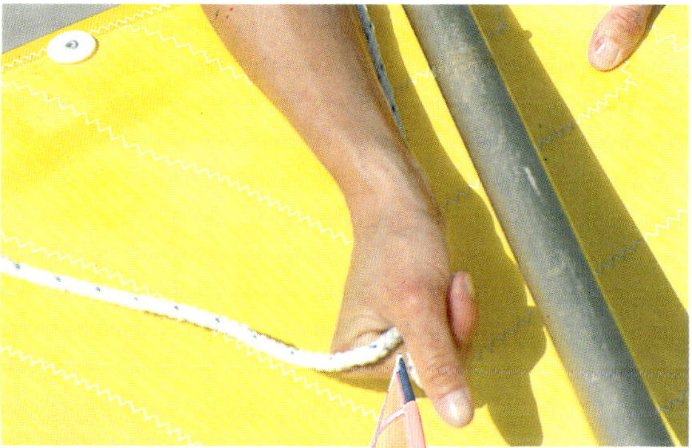

Um dem Segel ein optimales Profil zu geben, kann es sein, daß Sie die Trimmschot (hinteres Segelende) noch ein paar Millimeter nachlassen müssen. Knapp hinter dem Mast entsteht dadurch eine zehn bis fünfzehn Zentimeter tiefe Wölbung, das Profil, das für den Vortrieb entscheidend ist.

Das Rigg ist fertig aufgebaut. Überprüfen Sie noch einmal alles und vergewissern Sie sich, daß Sie auch nichts vergessen haben.

WER HAT VORFAHRT AUF DEM WASSER?

Manchmal geht es auf unseren Seen zu wie in einer Großstadt zur Hauptverkehrszeit: Segelboote, Motor-, Paddel- oder Tretboote, Fähren, Dampfer oder Fischkutter und jede Menge Schwimmer können einem in die Quere kommen. Deshalb sind ein paar Verhaltensregeln – ähnlich wie im Straßenverkehr – einfach unerläßlich. Die erste Regel lautet:

Schwimmern müssen Sie grundsätzlich ausweichen.

Windsurfer werden im allgemeinen wie Segelboote behandelt. Und am häufigsten wird man wohl auch die Fahrregeln für Segelfahrzeuge gebrauchen. Auf dem Wasser nennt man die Vorfahrt Wegerecht. Davon sind immer beide Parteien betroffen: Einer ist kurshaltepflichtig, das heißt, er muß seinen gewählten Kurs strikt beibehalten, der andere ist ausweichpflichtig. So gelten für alle Segelboote und Windsurfer folgende drei Regeln:

1. Backbordbug vor Steuerbordbug
Sie erinnern sich: Hält man das Segel in Fahrtrichtung gesehen auf der linken Seite, fährt man auf Backbordbug. In Fahrtrichtung gesehen rechts steht das Segel auf Steuerbordbug. Ein Segler auf Steuerbordbug muß sich also von einem Segler auf Backbordbug freihalten oder ihm ausweichen.

2. Lee vor Luv
Kreuzen sich zwei Segelfahrzeuge auf gleichem Bug, so muß sich das Fahrzeug in Luv von dem Fahrzeug in Lee freihalten. Um also die Wasserfläche in Lee überschauen zu können, müssen Sie durch das Segelfenster oder am Segel vorbeiblicken. Alle Segelfahrzeuge, die Sie in dieser Leeposition sehen, haben Wegerecht.

3. Der Überholende weicht aus
Wollen Sie ein anderes Segelfahrzeug überholen, so müssen Sie dabei so viel Abstand halten, daß Sie den anderen nicht behindern oder gefährden. Für den Surfer heißt das, daß er mit mindestens zwei Mastlängen Sicherheitsabstand, das sind etwa zehn Meter, vorbeifahren muß. Auf welcher Seite Sie überholen, steht Ihnen frei.

Backbord vor Steuerbord

Lee vor Luv

Wie sieht es jedoch mit allen anderen Wasserfahrzeugen aus?

Berufs- und Linienschiffahrt haben immer Wegerecht
Zu Annäherungen sollte es gar nicht erst kommen. Halten Sie sich von Fähren und Dampfern, Fischerbooten und Marine- und Einsatzfahrzeugen der Wasserschutzpolizei grundsätzlich fern.

Segelkraft vor Motorkraft
Generell müssen Motorboote den Segelfahrzeugen ausweichen. Denn das unter Motor fahrende Boot ist vor allem bei weniger Wind manövrierfähiger und auch schneller als alle mit Segel angetriebenen Fahrzeuge. Verlassen Sie sich jedoch nicht eisern auf dieses Gebot, bei einer Kollision ziehen Sie meist den kürzeren.

Segelkraft vor Muskelkraft
Alle muskelbetriebenen Fahrzeuge müssen Segelfahrzeugen ausweichen. So heißt die Regel. Das ist jedoch in der Praxis meist nicht durchführbar. Denn wie kann ein kleines Schlauchboot einem in rauschender Fahrt ankommenden Surfer rechtzeitig ausweichen? Abgesehen davon besitzen nur die wenigsten dieser Freizeitsportler einen Führerschein und kennen so auch keine Verhaltensregeln auf dem Wasser. Weichen Sie deshalb lieber den muskelbetriebenen Fahrzeugen aus. Grundsätzlich gilt: Erzwingen Sie nicht Ihr Wegerecht. Sie dürfen jedoch den Ausweichpflichtigen durch den Ruf „Raum!“ auf Ihre Vorfahrt aufmerksam machen.
Zum Schluß noch ein Satz zum Naturschutz: Windsurfen ist ein umweltfreundlicher Sport. Dafür können Sie selbst durch verantwortungsbewußtes und rücksichtsvolles Verhalten sorgen. Treten Sie zum Beispiel nicht natürliche Uferbefestigungen, Grasnarben oder Buschüberhänge weg, sie beherbergen Kleingetier und Wasserpflanzen, zwischen denen auch Fische und andere Wasserbewohner Schutz suchen. Fahren Sie nicht in Schilfgebiete, um den Lebensraum von brütenden Vögeln nicht zu stören. Und hinterlassen Sie bitte keinen Abfall. Sie können selbst dazu beitragen, daß die Umwelt durch den Surfsport nicht beeinträchtigt wird, ohne dabei Ihren eigenen Spaß zu schmälern.

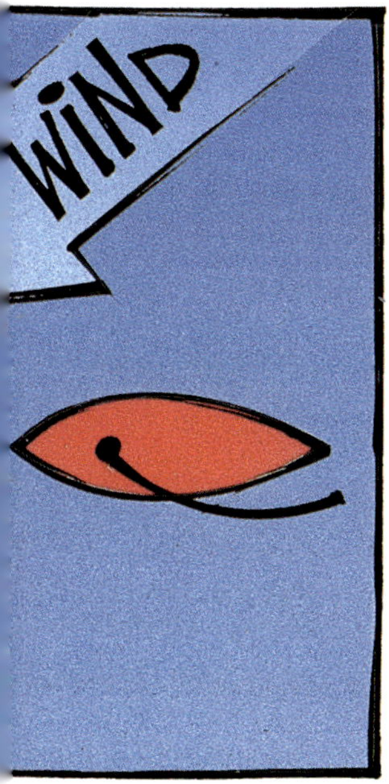

Überholender weicht aus

SICHERHEIT BEIM SURFEN

Eigentlich ist Windsurfen ein völlig ungefährlicher Sport. Wenn etwas passiert, dann meistens aus Leichtsinn, Unerfahrenheit, Selbstüberschätzung oder wegen mangelhafter Ausrüstung. Aber eine Gefahr, die man kennt, ist bekanntlich keine Gefahr mehr. Und um gar nicht erst in gefährliche Situationen zu kommen, sollte man ein paar Verhaltensregeln kennen und sich auch nach ihnen richten:

Internationales Notsignal: Die ausgestreckten Arme werden seitlich über den Kop

1. Erkundigen Sie sich über die Besonderheiten Ihres Reviers: *Einheimische Surfer oder ansässige Surfschulen können Ihnen viel über Strömungen, Untiefen oder ablandige Winde in Ihrem Surfgebiet erzählen.*

2. Kontrollieren Sie vor jedem Start Ihr Material: *Schlampig montierte Mastfüße oder eine locker sitzende Finne haben schon so manchen Surfer in eine Gefahrensituation gebracht. Prüfen Sie deshalb Ihr Material vor jeder Abfahrt auf Beschädigungen, Vollständigkeit und Funktionstüchtigkeit.*

3. Tragen Sie stets Kälteschutzkleidung: *Der Neoprenanzug soll nicht unbedingt schick, sondern in erster Linie warm sein. Denn Unterkühlung und anschließender Kräfteverlust sind mit die häufigsten Ursachen, wenn Surfer das rettende Ufer nicht mehr erreichen.*

4. Verbinden Sie immer Brett und Rigg mit einer Sicherheitsleine: *Ein Muß auch auf einem kleinen Baggersee bei Leichtwind. Denn wenn sich Brett und Rigg einmal voneinander trennen, ist ein Notfall schon vorprogrammiert.*

5. Beobachten Sie ständig Wind und Wetter. Surfen Sie nie bei Gewitter oder ablandigem Wind: *Die Stärke ablandigen Windes wird vom Ufer aus meist unterschätzt, da er hier von Häusern, Bäumen oder Uferböschungen abgebremst und abgelenkt wird. Vor allem auf Raumschot- oder Vorwindkurs werden Sie sich schnell vom Ufer entfernen. Und auf dem anschließenden Kreuzkurs brauchen Sie viel Kraft. Grundsätzlich gilt:*

> ***Surfen Sie nie bei starkem, ablandigem Wind auf dem Meer!***

6. Surfen Sie nie allein, surfen Sie nie bei Nacht oder schlechter Sicht: *Wenn Sie größere Ausflüge unternehmen, sagen Sie grundsätzlich vorher Freunden oder Bekannten Bescheid, wohin Sie fahren und wann Sie voraussichtlich zurückkehren.*

7. Überschätzen Sie nicht Ihr eigenes Fahrkönnen und Ihre Kondition: *Die meisten Seenotfälle mit anschließenden Rettungsaktionen waren auf völlige Selbstüberschätzung des eigenen Fahrkönnens und der Kondition zurückzuführen. Seien Sie deshalb realistisch, und muten Sie sich nicht zuviel zu. Das heißt, fahren Sie am Anfang noch nicht zu weit hinaus, legen Sie öfter einmal kleinere Pausen ein, und benutzen Sie nicht zu große Segel.*

8. Surfen Sie nicht in Badezonen, Sperr- und Warngebieten sowie Hafen- und Schleuseneinfahrten: *Diese Bestimmung dient nicht nur Ihrer Sicherheit, sie ist auch gesetzlich verankert. Surfen Sie auch nicht in Gewässern mit starker Berufsschiffahrt.*

…nd wieder nach unten bewegt. Benutzen Sie dieses Signal nie zum Winken.

9. Führen Sie bei längeren Fahrten eine Notausrüstung mit: *Verstauen Sie in Ihrem Trapezrucksack einen zwei Meter langen Ersatztampen (kann man unter anderem auch als Abschleppseil verwenden), etwas Kleingeld zum Telefonieren und ein gut haftendes Klebeband (ein für jeden Surfer unentbehrliches Hilfsmittel).*

10. Bleiben Sie im Notfall immer bei Ihrem Brett: *Was auch immer geschehen mag, das Rigg dürfen Sie aufgeben, aber nie das Brett. Auch wenn Sie glauben, das Ufer schwimmend erreichen zu können: Wo Sie surfend nicht mehr hinkommen, werden Sie schwimmend erst recht scheitern. Setzen Sie sich also erst mal auf Ihr Brett, und denken Sie ohne Panik und Nervosität über Ihre Situation nach: Kann ich mir selbst helfen oder muß ich Hilfe herbeirufen?*

So können Sie sich selbst helfen: *Grundsätzlich gilt: Nicht der kürzeste, sondern der sicherste Weg Richtung Land muß gewählt werden. Zum Beispiel hart am Wind gegen die Strömung zu kreuzen ist sinnlos und verbraucht nur Ihre restlichen Kräfte. Nehmen Sie also lieber einen längeren Fußmarsch am Ufer in Kauf, und steuern Sie mit geringstem Kraftaufwand ans nächstgelegene Ufer. Ein Tip, wenn zum Beispiel der Wind zu stark geworden ist: Sie stellen sich aufs Brett und halten das Rigg an der Startschot (Gabelbaumende schleift im Wasser). Der Wind greift ins Segel und treibt Sie langsam vorwärts. Zwar verlieren Sie dabei sehr viel Höhe, aber auf Binnenseen können Sie so zumindest wieder ein rettendes Ufer erreichen.*

Wenn Sie nicht zu weit vom Ufer entfernt sind, und der Wind nicht zu stark weht oder sogar ganz nachläßt, können Sie versuchen, das Rigg auf dem Wasser zusammenzulegen und zum Ufer zurückzupaddeln. Das sieht so aus:

- *Sie setzen sich aufs Brett, ziehen den Mastfuß und die Segellatten heraus, lösen die Trimmschot und rollen das Segel sorgfältig vom Unterliek zum Mast hin auf.*
- *Der Gabelbaum wird an den Mast geklappt und der untere Teil des Segels mit der Startschot umwickelt.*
- *Der obere Teil des Segels wird mit der Trimmschot festgezurrt und das Gabelbaumende an den Mast gebunden.*
- *Nun wird das Rigg mit dem Mastfuß nach vorn aufs Brett gelegt, Sie legen sich bäuchlings aufs Rigg (Kopf nach vorn) und paddeln mit den Händen.*

Falls Selbstrettung aussichtslos ist, lassen Sie Ihr Rigg aufgespannt und geben deutlich und sichtbar das „Internationale Notsignal": Dabei stehen, sitzen oder knien Sie auf dem Brett und bewegen die ausgestreckten Arme seitlich über den Kopf und wieder nach unten. Vielleicht haben Sie auch ein leuchtfarbenes Trapez, das Sie in langsamen Kreisbewegungen hin- und herschwenken.

Wenn Sie selbst einen Surfer beobachten, der Notsignale gibt, benachrichtigen Sie umgehend die nächste Rettungsstation oder Surfschule. Bei starkem Wind sind Abschleppaktionen durch andere Surfer nur in Ausnahmefällen erfolgversprechend.

Könnensstufe ①

Könnensstufe ②

Könnensstufe ③

WIE GEHT'S WEITER?

Sie haben nun alle Grundbegriffe des Windsurfens gelernt. Natürlich fühlen Sie sich noch nicht bei jeder Technik hundertprozentig sicher, aber je mehr Zeit Sie auf dem Wasser verbringen, desto schneller stellen sich kleine Erfolgserlebnisse ein, die Sie einen Schritt weiterbringen, die enormen Spaß machen und die Ihre Motivation fördern. Gleiten, Wasserstart und Powerhalse – neue Ziele, die alle Starkwindeinsteiger möglichst bald erreichen möchten. Diese drei Techniken sind die Meilensteine jeder Surfkarriere: Wer nämlich den Wasserstart und eine wirklich durchglittene Powerhalse auf allen Brett-Typen und bei allen Windstärken perfekt beherrscht, darf sich getrost zu den Könnern zählen.
Die Erfahrung hat jedoch gezeigt, daß viele Surfer zu früh mit dem Erlernen dieser Techniken beginnen und sich damit selbst überfordern. Das

Könnensstufe ④

Könnensstufe ⑤

Könnensstufe ⑥

muß nicht sein. Denn auch der Wasserstart und Speedfahren sind absolut leicht zu erlernen, wenn man die richtigen Voraussetzungen mitbringt.
Aber wie weiß man nun, wann man in der Lage ist, beispielsweise den Wasserstart zu lernen? Dazu gehört erst einmal die richtige Einschätzung des eigenen Fahrkönnens. Sie müssen genau wissen, was Sie schon können, um dann zu entscheiden, welche Technik Sie als nächstes lernen werden. Um das herauszufinden, hat der Verband Deutscher Windsurfing Schulen (VDWS) zusammen mit dem surf Magazin das Könnensstufensystem entwickelt. Das war so erfolgreich, daß es für Surfer, Hersteller und Händler zur Maßeinheit für surferisches Fahrkönnen geworden ist. In vielen Herstellerprospekten findet man inzwischen exakte Volumensangaben der Boards und Hinweise auf das surf-Fahrtechnikschema. Die meisten Schulen teilen ihre Gruppen in die verschiedenen Könnensstufen ein.
Bevor Sie sich nun aber selber testen, noch einige Hinweise

für einen schnellen weiteren Lernerfolg:

1. Surfen Sie auch bei wenig Wind: *Fahrtechnischen Fortschritt erreichen Sie am besten unter leichten Bedingungen. Auch bei weniger Wind macht das Surfen Spaß, und es gibt gerade auch hier immer etwas dazuzulernen. Wenn Sie ein Manöver bei Leichtwind perfekt beherrschen, werden Sie auch bei Starkwind keine großen Probleme damit haben.*

2. Üben Sie jede Technik zuerst auf einem langen Brett: *Es ist ein altes Vorurteil, daß man die moderne Funboard-Technik nur auf einem kurzen Brett lernen kann. Im Gegenteil, auf längeren Boards kommen Sie wesentlich schneller vorwärts, weil Sie weniger Gleichgewichtsprobleme haben. Wer bei vier Beaufort keine Halse auf einem langen Brett fahren kann, wird sie auf einem kürzeren Board nur mit sehr viel Mühe lernen.*

3. Besuchen Sie in jedem Fall auch weiterhin eine Surfschule: *Auch wenn Sie schon ein engagierter Aufsteiger sind, ein Surflehrer kann Ihnen durch präzise Anweisungen und durch genaue Fehleranalysen den Lernweg enorm verkürzen. Für bestimmte Techniken ist es sogar sinnvoll, dann und wann eine Privatstunde zu nehmen. Das ist zwar etwas teurer, aber eine Privatstunde bringt oft mehr als ein fünfstündiger Gruppenkurs.*

4. Lesen Sie auch weiterhin Fahrtechnik-Literatur: *Neben dem Schulunterricht geben Ihnen Fahrtechnikbücher über den neuen Stil oder einzelne Manöverserien im surf Magazin eine zusätzliche wertvolle Hilfe. Denn so kann sich die perfekte Analyse einzelner Bewegungsabläufe auf Fotoserien in Ihren Gedanken festsetzen, und auf dem Wasser kommt Ihnen dann alles schon wesentlich bekannter vor. Um nun auf der Funboard-Fahrtechnikleiter emporzuklettern, nehmen Sie sich die nebenstehende Fahrtechnik-Tabelle vor und stufen Ihr Können erst einmal in Ruhe ein. Beurteilen Sie sich bitte realistisch. Es bringt für Ihren Lernerfolg nichts, wenn Sie sich beschummeln. Bauen Sie Ihren fahrtechnischen Fortschritt genau in der Reihenfolge der Tabelle auf. Es ist sehr mühsam, zum Beispiel die Könnensstufe 4 erreichen zu wollen, ohne alle Übungen der Stufe 3 zu beherrschen. Alle aufgeführten Manöver sind für jeden Surfer erlernbar, Sie sollten sich nur eine Stufe nach der anderen vornehmen und nicht gleich mit der schwierigsten Übung beginnen.*

Vermutlich werden Sie zur Zeit in Könnensstufe 2 bis 3 stehen. Was können Sie nun tun, um möglichst schnell in Könnensstufe 4 aufzurücken? Neben den grundlegenden Manövern, die für die Sicherheit auf dem Wasser erforderlich sind, sollten Sie sich – auch bei leichten Bedingungen – mit Manövervarianten vertraut machen. Zum Beispiel: Sie fahren geradeaus, stehen dabei aber nicht in Luv, sondern in Lee; Sie fahren rückwärts, setzen sich während der Fahrt aufs Board oder fahren mit dem Achterliek voraus. Diese Ableitungen aus dem Tricksurfen sind die beste Methode, um besser surfen zu lernen. Denn im spielerischen Umgang mit dem Gerät wird Ihr Gefühl für das Board geschult. Diese Tricks sind zwar scheinbar überflüssig, sie bringen aber dennoch Sicherheit, sehr viel Spaß und Erfolgsgefühl.

Zum Lernen der eigentlichen Manöver der Könnensstufen 4 bis 6 gibt es einen wichtigen Grundsatz:

Erst Starttechnik, dann Manöver

Das heißt: Nach der Trapeztechnik bei leichterem Wind beginnen Sie zuerst mit dem Beachstart. Denn er führt nach einigen Übungsstunden über die zunehmende Wassertiefe automatisch zum Wasserstart. Beiden Startmethoden liegt nämlich die gleiche Technik zugrunde.

Während Sie dann den Wasserstart üben, perfektionieren Sie das Speedfahren – Sie können ja nicht stundenlang im Wasser herumpaddeln. Da-

Könnensstufe

Windstärke in Beaufort

Übungen, die Sie bei de[r] entsprechenden Windstärke unbedingt beherrschen sollten, um sich zu dieser Könnensstufe zählen zu dürfen.

Bitte Zutreffendes ankreuzen:

1 ☐ **Beherrsche ich sicher**

2 ☐ **Klappt nicht immer**

3 ☐ **Habe ich noch nicht geübt**

bei benutzen Sie die Fußschlaufen und gewinnen so immer mehr Gefühl für Ihr Brett. Natürlich müssen Sie nach jedem Schlag wieder umdrehen, aber wenn die Halsen jetzt noch nicht klappen, so macht das nichts. Es ist vielmehr eine gute Gelegenheit, den Wasserstart erneut zu üben.

Beherrscht man den Wasserstart schon einigermaßen, freut man sich regelrecht auf jede Halse, weil man nach einem eventuellen Sturz mühelos wieder aufs Brett kommt und dabei seinen Wasserstart weiter perfektioniert. Außerdem ist die Risikobereitschaft größer: Die Brettkante wird nicht nur zaghaft belastet, vor lauter Angst, gleich wieder ins Wasser zu plumpsen. Vielmehr wächst der Mut, sich richtig kraftvoll in die Kurve zu legen. Man hat das Selbstvertrauen, daß Stürze einfach kein Problem mehr sind.

Also noch einmal zusammengefaßt: Üben Sie zuerst die Trapeztechnik bei leichtem Wind, dann den Beachstart und Wasserstart gemeinsam mit dem Angleiten und Speedfahren. Zwischendurch kommt die Fußsteuerung, und erst dann beginnen Sie mit der Halsentechnik. Sie werden sehen, schon nach ein paar Wochen Übung im richtigen Revier werden Sie so weit fortgeschritten sein, wie Sie es am Anfang Ihrer Surflaufbahn nie für möglich gehalten hätten.

①	②	③	④	⑤	⑥
1–2	**2–3**	**3–4**	**4–5**	**4–6**	**4–7**
gelauf-en 1 2 3	Start 1 2 3	Beachstart 1 2 3	Beachstart 1 2 3	Beachstart 1 2 3	Beachstart 1 2 3
be hung 1 2 3	Wende 1 2 3	Wende 1 2 3	Wasserstart 1 2 3	Wasserstart 1 2 3	Wasserstart 1 2 3
rt 1 2 3	Höhe laufen 1 2 3	Kurse fahren mit richtiger Segelstellung 1 2 3	Gleiten und Speedfahren 1 2 3	Speedfahren 1 2 3	Speedfahren 1 2 3
htige el-lung 1 2 3	Kurse fahren mit richtiger Segelstellung 1 2 3	Trapeztechnik 1 2 3	Fußsteuerung 1 2 3	Powerhalse 1 2 3	Powerhalse 1 2 3
uern dem g 1 2 3	Kraftsparend surfen 1 2 3	Angleiten 1 2 3	Halse ohne Schwert 1 2 3		Speedhalse 1 2 3
nde 1 2 3	Halse mit Schwert 1 2 3	Steuern mit Brettneigung 1 2 3			Brandungssurfen: Bottom Turn Cut Back 1 2 3
stop 1 2 3		Halse mit Schwert 1 2 3			

MUNICH Surfline